DIE SIEBEN
STERNSCHREIBER

Rosemarie Johanna Sichmann

DIE SIEBEN STERNSCHREIBER

Seelenbriefe

Nachricht von deiner Seelenfamilie –

Heilung auf allen Ebenen

Rosemarie Johanna Sichmann

Lektorat: Benjamin Sichmann

Umschlaggestaltung: Tobias Sichmann

Alle Rechte der Verbreitung, sowie des auszugsweisen
Nachdrucks vorbehalten.

Bibliografische Information der Deutschen Nationalbibliothek: Die Deutsche Nationalbibliothek verzeichnet diese
Publikation in der Deutschen Nationalbibliografie; detail-
lierte bibliografische Daten sind im Internet über
dnb.dnb.de abrufbar.

Herstellung und Verlag:

BoD – Books on Demand, Norderstedt

ISBN: 9783749482900

Dank

an meine und deine
Seelenfamilie

INHALTSVERZEICHNIS

Facetten deiner Seele

Entstanden aus dem Kosmos
Durchdrungen von reinster Energie
Bewusst in einer Seelenfamilie
Verstanden in der Allmacht
Gefestigt durch viele Leben
Geboren aus der klarsten Intuition
Gefangen in einem Körper
Gepeinigt durch Emotionen
Manipuliert von der Umwelt
Unterlegen von den Dogmen
Suchende auf allen Ebenen
Gereinigt durch Verstehen
Ausgeglichen durch Verzeihen
Geliebt aus vollem Herzen
Lichtvoll im Spiegel der Dunkelheit
Erkannt vom Seelenstoff
Integriert durch die Sternschreiber

Eira

Eine Berührung für dich – wir reichen dir die Hand

Lasse dich führen in das Erinnern deines Seelenplanes. Habe keine Angst vor den nächsten Buchstaben auf diesen Seiten. Das Einzige vor dem du dich fürchten könntest, sind die bewusstseinserweiternden Ansichten *nicht* anzunehmen. Alles rund um deine Person wartet darauf, dass du von heute an deine Seelenschriften erkennst und dich dazu entscheidest, als Teil von einem großen Ganzen zu sehen. Du wirst ein fantastisches, freies Gefühl dein eigen nennen können, wenn du nicht mehr gegen den inneren Strom in dir arbeitest und wirkst.

Von Tag zu Tag wird sich dir noch mehr zeigen, was sich in deinem Inneren spiegelt. Aber Vorsicht, es könnten großartige, positive Dinge in dein Leben treten. Plötzlich eröffnen sich dir andere Sichtweisen oder bereichernde Erkenntnisse, die dich zufriedener machen. Dein Alltag wird achtsamer und farbenfroher. Gefühle werden intensiver und Glück erfährst du in kleinen und großen Momenten deines Bewusstseins.

Auch in den Nächten zieht sich die Integrierung deines Seelenplanes durch. Träume können kommen und gehen und du wirst sie in dem Augenblick des Erkennens verstehen. Sie werden dich unbewusst auch tagsüber begleiten und dich immer wieder neu inspirieren.

Berührende Momente wirst du auch erfahren, wenn du Seite für Seite dieses Buches liest. In vielen Worten wirst du dein Leben wiedererkennen. Und daraufhin erfahren, wie es wirklich sein könnte. Die Unwirklichkeit wird zu deiner Wirklichkeit.

Ein Schleier von Verzauberung darf deine Seele berühren und sie kann sich wieder erinnern ...

Das ist alles, was du vorerst wissen musst.

Die sieben Sternschreiber

Die Legende der sieben Sternschreiber

Vor unendlich langer Zeit, in den Weiten dessen, was ihr Weltall nennt und darüber hinaus, brachen einst Lichtstrahlen durch die verdichtete Materie. Sie breiteten sich immer mehr aus und nutzten jeden Winkel, in denen sich die Urweisheit des Seins noch in einer Entwicklungsphase befand.

Auf ihrem Weg häuften sich die Informationsfelder, die sie bei dieser Reise aufnahmen und transformierten. Nach und nach entstanden neue Energiefelder, wolkige verformbare Gebilde aus verschiedensten Materialien schlossen sich zusammen und gewannen immer mehr an Licht. Gleich einer vielfarbigen Energieansammlung probierten sie immer neue Zusammenstellungen und Möglichkeiten, um andersartige Gestaltungsvariationen zu finden.

Dabei vermischten sich göttliche Funken mit uralten Wissensfeldern und formten sich neu.

Nach nicht mehr benennbaren Zeitfenstern trafen sie auf dein bekanntes Universum, mit den unendlich vielen Sternengebilden.

Ein neuer, für diese Form des Lichtes, idealer Platz war endlich gefunden. Zwischen den funkelnden Lichtbahnen der sich entladenden Energie, der sichtbaren und unsichtbaren Energieexplosionen, fanden diese Informationsfelder eine neue Heimat.

Die Geburt des ersten Sternschreibers stand unmittelbar bevor, dem noch die weiteren sechs Sternschreiber, in großen Abständen einer Lichtzeit, folgten. In diesem Abschnitt der Universen beginnt eine neue Ära, die von den sieben Sternschreibern begleitet und geformt wird. Durch eine vibrierende Lichtwelle wurde der Planet Erde in eine erhöhte Schwingungsebene gebracht und diese reinigende und transformierende Energieschwingung wird jetzt von einigen derzeit inkarnierten Seelen wahrgenommen.

Ihre Lebensaufgabe wird in der Überbringung und Verbreitung dieses Wissens liegen.

So sei es.

SEELENSUCHER

Das Seelenvolk

Die Seelen der heutigen Menschen, gleich ob sie gerade auf dem Schulplaneten Erde inkarniert sind, oder sich in geistigen Welten aufhalten, sind miteinander verbunden.

Vor unendlich langer Zeit beschloss dieses Seelenvolk, entstanden in einer nicht mehr wahrnehmbaren Zeitepoche, sich in Seelenfamilien aufzuteilen, um als einzelne Seelenkörper ein irdisches Leben in einem Körper wahrnehmen zu können. Um die Erfahrungen der physischen, psychischen und emotionalen Gefühle zu erleben und wieder in den Seelenstoff zu integrieren. Da dies in *einem Leben* nicht möglich war, fiel die Entscheidung auf höchster Ebene, es in einer Reihe von Erdenleben durchzuführen. Die Anzahl der Leben konnte eine Seelenfamilie selbst entscheiden. Daher gibt es unterschiedlich viele Erdenleben in den einzelnen Seelengruppen.

Jede Seelenfamilie hat auch ein bevorzugtes Erfahrungsgebiet und das Wissen dazu als grundlegendes Thema erarbeitet. Auch die Erlebnis-Aufteilung eines jeden Seelenmitgliedes wurde von den Seelenfamilien gemeinsam beschlossen.

Doch *eine* grundlegende Sache dieser Seelengefährten besteht darin, den anderen Seelenteil in allen Facetten zu unterstützen und sich gegenseitig zu helfen. Zu jedem Zeitpunkt kann sich der inkarnierte Seelenteil auf den Rest der Seelenfamilie verlassen, dass er in seiner Entwicklung und seines Lernprozesses, die volle Energieunterstützung dieser Seelenmatrix hat.

Diese Seelenunterstützung erweist sich in dem Erdenleben ungemein nützlich und wertvoll. Zusätzlich kann eine verkörperte Seele auf dieser Erde noch Zusatzaufgaben erfüllen, wenn sie in den Seelenplan passen. Auch übergreifende Erfahrungen mit anderen Seelenfamilien sind möglich. Aus diesen Begegnungen entstehen dann in der Realität Gefühle wie bei Seelenpartnerschaften, Dualseelen und Zwillingsseelen. Man trifft sich, sieht in die Augen der Person und findet sich darin selbst wieder, als ob man ein Teil dieses Menschen wäre. Diese anfänglich sehr stimmigen Beziehungen können sich aber in späterer Zeit als sehr komplizierte Partnerschaften erweisen, da hier ein großes Seelenwachstum integriert ist. Derartige Verbindungen werden auch *wie im siebten Himmel* beschrieben und enden oft im Chaos der Gefühle. In diesen Beziehungen liegt aber das größte Potenzial der persönlichen Entwicklung.

Auch die Verbindungen von jungen und alten Seelen ermöglicht viel Seelenwachstum. Der Verlauf solcher Verbindungen auf unserem Planeten Erde ist immer durchwachsen von vielen Lernprozessen. Durch verschiedene Ansichten und Aufgaben ist ein hohes Maß an Toleranz und Annahme von Andersartigkeit eine unbedingte Voraussetzung.

Ziel einer jeden Seelenverbindung ist es jedoch, den anderen Seelenkörper in Liebe zu begegnen. Nur durch die Akzeptanz der Gegebenheiten in der Gegenwart, kann die Liebesfähigkeit zum Einsatz kommen. Egal welches Karma in verschiedenen Körpern mitschwingt, jede Seele muss seine Aufgabe in diesem Erdenleben erleben und richtig verarbeiten.

Fragmente müssen zusammengelegt und wieder ganz in die Seelenfamilie zurückgebracht werden. Dies ist unsere Aufgabe in diesem Leben und in jedem Leben, das zuvor gelebt wurde und derjenigen, die nachfolgen. Wir sind Teil dieser Schöpfung, dieser großartigen Energieform, die wir so unterschiedlich benennen, welche jedoch immer das Gleiche darstellt. Alles unterliegt einer göttlichen Ordnung und hat nur ein Ziel: Entwicklung auf allen Ebenen.

Die Weiterentwicklung der Seele verläuft in klaren vorgegebenen Bahnen, jedoch die Ausführung darf sehr persönlich von uns gestaltet werden. Dieser freie Wille ist ein großes Geschenk der Urseele an die Seelengemeinschaft. Daher verläuft jedes Leben ganz anders. Nur im Jetzt geschehen Veränderungen.

Gleich bleiben aber die Energieteile der großen Seele, von der sie unterstützt, gestaltet und geleitet wird. Auch die Fragmente, die gelehrt und miteinander ausgefochten werden, sowie der kommunikative Teil dieser Lebenserfahrungen, sind wie Bonuspunkte der Seele zu betrachten. Aufgaben der einzelnen Seelenfamilien bringen immer ihre „eigene" Energie mit. Diese Komponenten vereinen sich zu einem Netzwerk der Seelenfamilien, die von dem „Hauptrechner" der Seele verwaltet werden. Die Seelenprogramme teilen sich in Aufgaben. Ob es sich um kleine oder große Themen dabei handelt, ist nicht immer das Maß der Dinge. Wichtig ist, *wie* man diese Aufgaben bewältigt und *wie viele Anläufe* die Seele dazu braucht. Impulse, Gedankenblitze und Lösungen steuert der Verstand und die Ausbildung als Erdenbewohner mit. Die intuitive Seite wird jedoch von der wahren und einzigen Seelenfamilie aus der geistigen Welt unterstützt und genährt. Erst wenn alles miteinander sich verflochten hat, dann ist eine Aufgabe ganzheitlich gelöst worden und wird im Seelenplan als erledigt betrachtet.

Die Seelenfamilie besteht aus vielen Seelenpartnern. Vater, Mutter, Großeltern, Geschwister, Verwandte, Freunde und Bekannte. Eben gleich wie auf der Erde. Jedoch hinter jeder Person verbirgt sich eine Energieform, die maßgeschneidert ist für die Emotionen und Gefühle, die du in deiner jetzigen Inkarnation brauchst und die charakteristisch für jedes Familienmitglied sind. Jene Matrix, die an der Entwicklung der Chakren maßgeblich beteiligt ist. Auch trägt sie Sorge dafür, dass die idealen Situationen für deine Entwicklung planmäßig ausgeführt werden. Daher ist jede deiner schönen, wunderbaren Lebenserfüllungen dafür geschaffen worden. Ebenso wie deine ärgerlichen, zornigen, neidischen Lebensabläufe und Situationen. Nicht zu vergessen die ungeliebten Schicksalsschläge. Sie enthalten ein riesiges Potenzial für deine Seelenheilung. Vorausgesetzt, du siehst sie nicht als Vernichtungsschlag, sondern als *deine persönliche Chance* eines großen Schrittes in deinem Entwicklungsprozess. Suchst du die Verantwortung dafür im äußeren Umfeld, wird dir der Seelenplan immer wieder ähnliche Gebilde schaffen, damit du daraus lernst. Erst wenn du die Botschaften verstanden hast und *dich mit deinen Reaktionen darauf* selbst auseinandersetzt, beginnt dein Weg der Selbstverantwortung. Jetzt liegt die größte Chance für die Seelenheilung bei dir. Egal ist dabei ob es sich um dich selbst, wie bei einer Erkrankung deines Körpers, deiner Psyche oder um eine dir anvertraute, geliebte Person handelt. Jede dieser Situationen trägt die Lösung bereits in sich. Du musst sie nur wahrnehmen und annehmen können, dann entsteht kein Unrecht, kein Kampf in deinem System.

Natürlich gilt das Gleiche auch für die materielle Seite deines Lebens. Maßgeblich dabei sind immer dein Bewusstseinsstand und die Menge an Lebensenergie, die du in deinen Alltag hereinfließen lassen kannst. Dies ist die perfekte Spiegelung deines Seelenwohlstandes. Wenn ein Teil dieser Energie auch bei dir bleiben darf und du ihn halten kannst, dann bleibt diese wunderbare Errungenschaft in Form von Besitz bei dir. Ob es sich dabei um Geld, Auto, Schmuck oder Immobilien handelt, spielt keine Rolle. Alles hat mit dir und deiner Seele zu tun. Dies nennt man die wahrgewordene Schöpfung. Eine Erschaffung von Energiegebilden in materieller Form. Ganz ohne eigene Wertung. Letztendlich verbleibt aber diese materielle Schöpfung auf der Erde und fließt wieder zu anderen Menschen weiter. Zum Beispiel zu deinen Erben und Nachkommen. Dient deine materielle Schöpfung jedoch nicht der Gesamtheit der Erde, dann hinterlässt du ein negatives Erbe, welches als Aufgabenstellung für andere Menschen dient. Also wähle weise, was du in dein Leben lässt.

Ebenso geht es mit den nicht materiellen Gütern, wie Liebe, Ansehen, Würde, Anstand, Hilfeleistung und sozialen Aspekten. Diese Energieformen fließen zurück in die geistige Welt zu deiner Seelenfamilie und vervollständigen ihre eigene Energieform. So trägt jeder dieser geistigen Familienmitglieder zu einem großen Ganzen bei. Mit diesem Energieschatz werden wiederum andere auf Erden unterstützt und gefestigt, sodass auch sie letztendlich gereift und erfüllt in die geistige Welt zurückgehen können.

Auf Astralebene trägt somit wirklich jeder dazu bei, diese für uns unsichtbare und selten wahrnehmbare, himmlische Sphäre zu sichern und zu einer geschützten Seelenheimat zu machen. Sie dient uns dazu, nach einem ereignisreichen Leben auf diesem Planeten Erde, Erholung, Heilung und Vertiefung von Wissen zur Verfügung zu stellen. Ein Paradies, in das wir uns nach jeder Inkarnation zurückziehen können. Immer mehr Menschen erhalten eine große Reife bereits in ihrem Erdenleben mit. Dadurch wird auch den zu diesem Zeitpunkt inkarnierten Personen und Tieren dieser Erdenzeit ein großer Vorteil verschafft.

Diese Schwingungsanhebung scheint jedoch an manchen Mitbewohnern dieses Planeten spurlos vorrübergegangen zu sein. Täusche dich aber nicht. Auch diese Menschen, die wir nicht immer schätzen können mit ihrem unsozialen Verhalten, dienen der Ganzheit der Entwicklung. Sie stellen sich für unsere jetzige Inkarnation mit einer hohen Liebesschwingung als „Gegner, Feind oder Spielverderber" zur Verfügung. Nur durch sie können wir unsere Schattenseiten wie Zorn, Wut, Angst, Neid, Eifersucht und Frust wahrnehmen und integrieren. Auch für eine weitere Sache sind sie unterstützend indirekt tätig. Erst wenn es uns schlecht geht und wir nicht mehr alleine klarkommen, suchen wir Hilfe bei anderen Vertrauenspersonen. Durch die Verbindung zu unserer Seelenfamilie, die du dir wie ein Netzwerk vorstellen kannst, werden die richtigen Kontakte zur richtigen Zeit geknüpft. Nun kann das persönliche Wissen erweitert werden. Neue Freundschaften werden geboren und vertieft, alles im Einklang mit deinem Seelenplan. Trost und Zuversicht kehren wieder ein und die Selbstbestätigung wird vertieft und miteinbezogen in weitere Erfahrungen. Nicht selten sind sie auch der Grundstein für eine neue Ausbildung in ganzheitlicher Form. Nur wer solche Erfahrungen gemacht und bewältigt hat, kann dann dies weitergeben und Heilung bei anderen in Gang setzen.

Ein wichtiger Aspekt bei unserer spirituellen Entwicklung.

Der unbewusste Wunsch, der daraus entsteht, setzt eine lebenslange Suche in Gang. Auf diesem Weg trifft die Seele gleichschwingende Energieformen. Nach einer gewissen Zeit, die immer variiert, wird dies aber zur Gewohnheit und nicht mehr so intensiv wahrgenommen. Die Suche beginnt erneut und mit jedem Seelenzyklus begibt sich deine Seele auf eine neue, höhere Energieschwingung.

Dies passiert meist unbemerkt, erst wenn eine „Unruhe" entsteht wandelt sich diese Energieschicht. Wahrzunehmen ist es an verschiedenen Symptomen. Zum Beispiel lässt man sinnloses Geplauder, um sich tiefsinnigen Gesprächen zu widmen. Gefühle werden tiefer und sinnlicher wahrgenommen, künstliche Dramen und Konflikte gehören der Vergangenheit an. Im Allgemeinen wird der Mensch nachdenklicher und bildet sich seine eigene Meinung, unabhängig von der Masse. Ein Gefühl der Andersartigkeit drängt sich in den Vordergrund. Manchmal ist dies nicht leicht zu ertragen, stößt man doch in der Gesellschaft nicht immer auf Wohlwollen. Man wird für andere Menschen unbequemer und viele können mit dieser Situation und Veränderung nicht umgehen. Ein Rückzug ist dann vorprogrammiert, denn auch Ruhezeiten nach Turbulenzen sind immer öfter angebracht und notwendig. Die Seele muss sich erholen. Jetzt ist Zeit, sich mit seiner Persönlichkeit auseinanderzusetzen. Bisher tat man dies eher mit den „Fehltritten" anderer Mitmenschen, Freunden und Verwandten. Auch wenn man auf andere Personen oft sonderbar wirkt, schätzen sie doch die Ratschläge und die Neutralität in vielen Situationen als hilfreich ein. Persönlichkeiten werden gestärkt und Freundschaften können sich endlich vertiefen. Aus dem täglichen Kampf wird ein Erleben im Hier und Jetzt. Miteinander, nicht mehr gegeneinander.

Von großem Vorteil ist auch das Anheben des täglichen Energiepotenzials. Da die Energie nicht mehr im Kleinkrieg verschleudert wird, steht sie für die Seelenentwicklung voll zur Verfügung. Aufgaben erscheinen nicht mehr so schwierig, da man sofort, ohne die übliche Verzögerung, lösungsorientierter denkt und handelt.

Vorlieben können sich ändern, da kleine Aufmerksamkeiten viel mehr wahrgenommen werden. Schon ein Spaziergang in der Natur wird zum Erlebnis. Die aufreibende Hetzerei durchs Leben hat endlich ein Ende.

Dies alles unterstützt und nährt deine Seelenfamilie. Sie lässt dich Lügen aufdecken und im Anschluss darauf fördert sie dein Verzeihen. Regeln gehören der Vergangenheit an, da du sie nicht mehr als Maßregelung wahrnimmst. Unwichtige Dinge „übersiehst" du, da dein Fokus auf die für dich wichtigen Dinge gerichtet ist. Ein wahrer Segen für dich. Denn jetzt braucht dir dein Körper

Unstimmigkeiten nicht mehr durch Krankheiten aufzuzeigen. Sie werden im Keime erstickt, da die Grundsubstanz für sie nicht mehr vorhanden ist. Energieschwingungen pendeln deinen Energiehaushalt ein, bevor ein großes Ungleichgewicht entstehen kann. Du ersparst dir viel Leid, viel Zeit und auch Geld.

Beziehungen, die nicht mehr stimmig sind, werden im gegenseitigen Übereinkommen friedlich gelöst. Die Chance auf einen Neuanfang steigt sofort wieder an, muss man sich doch nicht mit den Altlasten auseinandersetzen. Der ideale Zustand, um Fortschritte in der Entwicklung machen zu können.

Alles was nicht mehr gebraucht wird, darf abgestreift werden. Dadurch wird Platz geschaffen und viel Freiraum ermöglicht.

Überforderungen sind Geschichte. Die Eigenliebe wird endlich integriert und dadurch gestärkt und neu geformt. Immer richtig zu jeder Zeit in jeder Menschheitsform.

Du bist nie mehr alleine, denn deine Seelenfamilie begleitet dich bei all diesen Prozessen in ewiger Form. Mit aller Liebe und vielen positiven Gefühlen. Eine geistige Freiheit entsteht. Karma wird aufgelöst und transformiert.

Das Leben wird ein wunderbares Abenteuer. Abhängigkeit und Hörigkeit zu Menschen und Dingen gehören von nun an nicht mehr zu deinem Sprachschatz und zu deinem Denken und Fühlen. **Bedingungslose Liebe ist und wird ein Grundrecht deiner Inkarnation.**

Verbundenheit mit der Mutter Erde erlebt neue Dimensionen. Du erkennst dich in jedem kleinen Lebewesen wieder, als Teil dieser Schöpfung. Egal ob Mensch, Tier, Baum oder Pflanze. Empathie wird von heute an einen immer größeren Stellenwert in deinem Leben führen. Zusammenhänge in der Natur werden verständlicher und der Erhalt einer gesunden Umwelt auch dein Thema.

Feinstoffliche Heilungsweisen verhelfen dir bei kleineren Ungleichgewichten sofort und das Verstehen dazu hält in deinem Geist Einzug. Vorbehalte bezüglich persönlicher Unstimmigkeiten mit den ausführenden Personen, sowie Religionszugehörigkeiten haben keinen Einfluss mehr auf das Zulassen der Heilung auf allen Ebenen. Der körperlichen, der geistigen und der seelischen Ausgeglichenheit dieser Energieebenen in die vollkommene, harmonische Balance.

Alles darf so sein, wie es ist. Ohne Vorbehalte und Wünsche zur Veränderung.

PERSÖNLICHKEITEN IM SEELENTHEATER

Seelenschauspieler

Sieben Seelenrollen[1] hat sich deine Seele in verschiedensten Inkarnationen ausgesucht. Erfahrungen die dabei bereits in vergangenen Leben gemacht wurden, werden in dieser Inkarnation oft nur mehr kurz gestreift. Daher gibt es keine eindeutige klare Sicht auf nur eine Auswahl in diesem Leben. Vermischungen in zeitlichen Lebensabschnitten sind oft möglich.

Wichtig ist jedoch, in welcher Rolle du dich jetzt gerade befindest. Erst dann verstehst du deine Lebensaufgabe, die dein Verhalten maßgeblich prägt. Du erfährst, wieso du so bist, wie du bist. Lernst dir immer mehr selbst zu vertrauen, deine Intuition in jeder Sicht anzunehmen und auszuleben.

Das Gesetz der Anziehung macht es möglich, dass du dich in jeder Lebenslage mit Gleichgesinnten triffst. Manche unterstützen dich, andere zeigen dir dein Mangeldenken oder deine Unreife auf. Energien werden miteinander verbunden und neue Formen werden aktiviert. Deine Gegenwart

---

[1] Benannt von Varda Hasselmann in „Archetypen der Seele"

wird von deiner Umgebung immer mehr gesehen und wahrgenommen. Gleichgesinnte schließen sich zusammen in sozialen Netzwerken, später vielleicht auch in unterstützenden Vereinen. Doch jeder hat sein Zeitfenster in seiner Entwicklung, wo Lernprozesse stattfinden dürfen. Alles wird von deiner Seelenfamilie in Gang gesetzt, um dir ein glückliches und erfülltes Leben zu ermöglichen.

Ein Überspringen einer Seelenrolle ist aber nicht möglich. Erst wenn alle Erfahrungen durchlaufen und integriert wurden, schließt sich der Energiekreis. Manche Rollen dürfen auch wiederholt werden, um den größtmöglichen Nutzen für die Gemeinschaft der Seelenfamilie zu erschaffen. Abgespaltene Seelenteile werden so wieder gefunden und vereint.

Nach und nach vervollständigt sich dein Seelenkörper, um in die Einheit des Lichtes zurückkehren zu können. Mit den erlebten Erfahrungsbändern der Erinnerung an viele Einsichten aus den Inkarnationen. Diese Emotionsketten werden im Licht transformiert in die Weisheit des Kosmos.

Jetzt ist deine Seele nicht mehr Schauspieler, sondern das ewige Licht in einem Meer von Seelenlichtern, die untrennbar verbunden sind, zum großen Einen.

Keine Trennung kann mehr entstehen, denn dein Licht ist jetzt Bühne, Schauspieler, Kostüm und Seelenrolle mit den dazugehörigen Emotionen und Erfahrungen in einem.

Unvorstellbar für den Menschen, aber realisierbar für den Seelenkörper, die unendliche Freiheit für das Licht, dem auch du dich zuwendest und dein Ziel erreichen wirst.

Wie viel Zeit dies beansprucht, kann keiner ermessen. Jedoch ist es auch nicht wichtig, da das Universum und der Kosmos für jede Seele zeitlos bleiben werden. Vergangenheit, Gegenwart und Zukunft sind in der Unendlichkeit eins. Dies kannst du nicht nachvollziehen? Dann bedenke, diese Sekunde, in der du liest, kommt sie erst auf dich zu? Ist es die Gegenwart, oder doch schon wieder Vergangenheit? Die Erfahrung sagt, es ist eine Betrachtungsmöglichkeit, die wir durch unseren Verstand reihen. Doch fragst du die Seele, wird sie nur darüber lächeln.

SEELENROLLE MIT DEM AUFTRAG ZU

AUFTRAG ZU

HELFEN

DIENEN

HEILEN

Du bist unermüdlich, wenn es um die Belange anderer Menschen geht. Auch wenn dein Geist und dein Körper sich dem Erschöpfungszustand nähern, versuchst du immer noch zu helfen. Jeder der dich kennt, schätzt deine Aufopferung für die gute Sache. In einer Notsituation opferst du dein „letztes Hemd" für jene, die es nötiger brauchen. Nicht immer wird dein Tun von der Allgemeinheit bemerkt, doch das stört dich nicht. Im Rampenlicht zu stehen, war nie dein Ziel. Befriedigung findest du in den vielen kleinen Hilfsleistungen, die du tagtäglich vollbringst.

Wie eine Blume blühst du auf, wenn zufällig mal ein Lob zu dir findet. Das ist alles wert, was du auf dich nimmst. Aber auch wenn es um dich selbst geht, kannst du problemlos um Hilfe bitten und sie annehmen. Doch manchmal dauert es ein Weilchen, bist du über deinen Schatten springst.

Bei deiner Familie und deinen Freunden bist du als ein sehr harmonisch-liebender Mensch bekannt. Auch deine Tierliebe hat einen hohen Stellenwert in deinem Leben. Ebenso schätzt du die Natur und deinen Garten, oder die öffentlichen Parks in allen Jahreszeiten. Immer findest du das Schöne darin. Deine Fürsorge sich um alles zu kümmern bestimmt deinen Tagesablauf.

Nicht selten bist du daher in helfenden sozialen Berufen tätig. Vielleicht trifft man dich als Kindergärtnerin, in der Altenpflege, als Krankenschwester oder Pfleger, aber auch in Verwaltungen von diversen Einrichtungen oder als Energetiker suchst du jeden Tag den Sinn dieses Daseins. Aber auch Friseure, Fußpfleger, Haushaltshilfen und Kellner passen gut in dieses Schema, da auch sie den direkten Kontakt mit Menschen haben und ihnen viele Dinge anvertraut werden. Nicht selten „weinen" sich Kunden bei ihnen aus.

Deine Freizeit verbringst du entweder im Kreise deiner Lieben oder du stellst einen Teil dieser Zeit dem freiwilligen Rettungsdienst oder auch der Feuerwehr zur Verfügung. Immer wenn irgendwo etwas in Bewegung gerät, das du mit Hilfe verbindest, stehst du an der Front und schätzt die Gemeinschaft. Dein „Lohn" ist es im jeweiligen Aufgabenbereich mitgeholfen zu haben.

Wird in der Runde Erfahrungsaustausch betrieben und diskutiert, ist es dir oft nicht möglich, gegen die Einwände anderer zu kontern. Erst wenn du in Gedanken später die Situation Revue passieren lässt, fällt dir alles ein, was du eigentlich sagen wolltest. Nun hast du dann oft nicht mehr die Kraft und die Gelegenheit für Auseinandersetzungen und gehst den friedvollen Weg. Dein Standpunkt in vielen Dingen ist deiner Umwelt wenig bekannt. Daher wirkst du auf sie oft nicht durchschaubar und bist selten der Mittelpunkt eines Treffens. Auch bei Meinungsverschiedenheiten machst du schnell einen Rückzieher des lieben Friedens willen. In deinem Inneren hast du jedoch sehr wohl eine festgelegte Meinung, von der du selten abschweifst. Durch deine Zurückhaltung und manchmal auch sprichwörtliche Unauffälligkeit und Bescheidenheit gilt dein Verhalten als ruhig und selten emotional. Nur engste Freunde und deine Familie wissen deinen hohen Intelligenzgrad zu schätzen und nicht selten haben hier dein Wissen und deine Meinung einen hohen Stellenwert. Für sie bist du immer Anlaufstelle, wenn etwas im Leben schwierig, undurchschaubar und problematisch erscheint.

Durch deine aufopfernde Haltung „kürzt" du oft unbewusst den Entwicklungsweg ab oder überspringst einige Entwicklungsstufen. Dein Lebensziel besteht meist darin, als kleiner Heiliger ins Jenseits zu kommen.

Die Schattenseiten jedoch sind meistens Unfreiheit und Hörigkeit gewissen Personen gegenüber. Wenn du dich darin erkennst, hast du oft das

Gefühl für andere zu schuften und dich aufzuopfern, ohne dafür den Dank und die Anerkennung zu erwarten oder zu bekommen. Sinnvoll empfindest du diese Art nur während der Tätigkeit. Doch danach fühlst du dich oft leer und ausgepowert.

Bekommst du jedoch Aufmerksamkeit von der Öffentlichkeit, ist wieder alles im Gleichgewicht und du bist erfüllt und befriedigt, wenn du dich ausruhen kannst. Vielleicht findest du auch Trost in Vorbildern, die von der ganzen Welt anerkannt werden. Auch sie fingen klein an, stellten ihr Ego zurück und lebten ihren Traum bis an ihr Lebensende.

SEELENROLLE MIT DEM AUFTRAG ZU

FORMEN
GESTALTEN
ERFINDEN

38

Falls du bei deinen Arbeiten deine Kreativität ausleben kannst, von neuen Inspirationen getragen wirst, lebst du diese Seelenrolle richtig gut aus. Stilvoll begibst du dich jeden Tag auf eine andere Ebene, die deine Genialität in die Realität bringt. Durch kleine und große Erfindungen prägst du dein Umfeld. Ruhelos tanzt du manchmal auf mehreren Hochzeiten. Auch in Farben und Formen bringst du deine Talente zum Ausdruck. Nicht selten brauchst du Materialien zwischen deinen Fingern, die du gestalten und formen kannst. In einem Rohling nimmst du bereits das erschaffene Endprodukt wahr. In deiner Vision ist es bereits fertig. Das befriedigt deine Neugier auf Dinge, die deine Seele erschaffen kann.

Auch technisch hast du in vielen Fällen ein großes Talent, erkennst du in Sekundenschnelle gewisse Zusammenhänge, wie alles funktioniert. Und dies ohne Anleitungen, einfach durch dein Hineinfühlen in die verschiedenen Materien. Daher wenden sich gerne hilfesuchende Menschen an dich und profitieren von deinem Einfallsreichtum. Vorgegebene Wege beschreitest du selten. Nur wenn du deine eigenen Pfade suchen und beschreiten kannst, fühlst du dich wohl. Gebrauchsgegenstände so zu verändern, dass sie genau für dich passen, fallen ebenso in diesen Bereich. Ständig bist du am Basteln und am Werken, alles interessiert dich. Werkzeuge werden leidenschaftlich gesammelt und gerne sortiert und gereinigt.

Auch ideenreiche Gärtner und Landschaftsarchitekten fallen in diesen Bereich. Solltest du dies nicht beruflich, sondern hobbymäßig betreiben, gehörst du trotzdem hier dazu. Die Liebe zur Natur, zu Blumen, Sträucher und Bäumen, veranlasst dich, schon in Gedanken beim Entstehen, ein natürliches Kunstwerk in deinem Garten zu erschaffen. Strukturen und gestalterische Prozesse fließen in deine Vorstellung von der ersten Minute an ein.

Manchmal ist diese Seelenrolle auch in anderen Bereichen zu finden, wie Musiker oder Designer. Egal ob es sich um Instrumente oder Stoffe handelt, Genies finden sich hier überall. In den letzten Jahren finden auch immer mehr Köche hier ihren Platz. Neue Kreationen zu finden und sich aus der Masse hervorzutun, sind ihre Bestreben. Lobende Worte beim Verzehr der Speisen sind wie Balsam für ihre Seele.

Sich anderen mitzuteilen und sein Wissen darüber weiterzugeben gehört ebenfalls zu dieser

Seelenrolle. Es gibt für dich nichts Schöneres, als über die Fortschritte und das Wachstums deines Projektes zu reden. Deine Einzigartigkeit drückst du wie ein Stempel auf deine Werke auf. Der Ausdruck deiner Persönlichkeit verändert in kurzen Abständen sein Gesicht. Immer wieder erfindest du dich neu.

Durch das ständige Suchen und Finden im Außen beschäftigst du dich jedoch wenig mit dir selbst. Immer gibt es etwas zu tun und die restliche Zeit brauchst du für deine Erholung. Erst wenn dich dein Körper aufmerksam macht, richtest du den Fokus auf dich selbst. Kleine Gedankenfalten prägen dein Gesicht, denn das ständige Überlegen und konzentrieren hinterlässt diese Spuren. Skeptisch hinterfragst du alles, was routinemäßig in deinem Leben vorkommt. Erst wenn du etwas begriffen hast, kann es in deinem Verstand und in deinem Leben integriert werden. Angst vor Kontrollverlust oder das Leben nicht mehr meistern zu können, sind deine größten Schattenseiten. Oft bleibt auch wenig Zeit für eine Partnerschaft, da deine Zeit zu wertvoll für deine Arbeit ist. Alles was dich von deinen Projekten und Vorstellungen fern hält, schiebst du einfach auf die Seite. Priorität

Nummer eins wird immer deine Gedankenkraft haben.

Ein gewisses Chaos, also eine ungeordnete Ordnung und eine Zerstreutheit beherrscht deine Tagesordnung in vielen Fällen. Auch ein Gefühl von Distanz zu anderen Personen kommt schon mal vor. Viele Personen in deiner Umgebung nehmen dich auch mal weggetreten wahr, wie in einer anderen Welt lebend, obwohl du mit deinem Körper anwesend bist.

Diese Seelenart verlangt wenig Aufmerksamkeit für dich selber als Person und Erschaffer, jedoch die volle Anerkennung für dein erschaffenes Werk. Kritik tut zwar weh, jedoch fördert sie noch ein genaueres Arbeiten und daher birgt sie eine große Chance für Verbesserungen. Geregelte Arbeitszeiten sind ein Fremdwort für dich, nur eine eigene Zeiteinteilung ist für dich verträglich und fördert deine künstlerischen Ausdrücke.

Gibt es jedoch Probleme in deinem Leben, flüchtest du gerne ab in Phantasiewelten. Lasse dich daher nicht täuschen und lebe deine Wahrheit. Suche deine eigene Perfektion, mit der du gut umgehen kannst.

Verschiedene Themen und Disziplinen miteinander zu verknüpfen sind, für ein Multitalent wie dich, kein Problem. Kreativität hat so viele Gesichter, dass Neigungen aus vielen Bereichen für dich interessante Bereiche darstellen können und werden.

Solltest du jedoch zu jenen Menschen gehören, die ständig ihre eigenen Werke kritisieren und Mängel darin suchen, dann überdenke deinen Selbstwert. Nur wenn du das Erschaffene annehmen kannst, darfst du dies auch gerne von deinen Anhängern und Kunden erwarten. Denn alles geschieht zum richtigen Zeitpunkt und in der richtigen Weise. Beim nächsten kreativen Schub kannst du dich wieder austoben und dich selbst neu erfinden.

SEELENROLLE MIT DEM AUFTRAG ZU

ÜBERZEUGEN
ÜBERWINDEN
WEHREN

44

Tauchen ständig Probleme in deinem Leben auf, die du bekämpfen musst? Übernimmst du manchmal oder sogar öfter eine Rolle in Uniform? Findest du nur in der Rolle des Verteidigers eine Welt die du annehmen kannst?

Wenn du dieser Meinung bist, ist dein Kampfmodus immer auf online geschaltet. Das heißt, du findest in vielen deiner Alltagssituationen Menschen, die dir gegenüber Widerstand zeigen. Vielleicht hast du auch das Gefühl, Menschen die du liebst, ständig behüten und beschützen zu müssen. Da wohnt noch immer eine kleine Kriegerrolle aus deinen vergangenen Leben in dir. Doch wem dient dies alles? Vergeudest du nicht immer deine Energie?

In unserer Zeit wird ein realer Kampf oft durch Zynismus ersetzt. Das bedeutet, ein Duell mit Worten, nicht mit Waffen. Ausdauernd beschäftigst du dich damit, andere möglichst oft unter der Gürtellinie zu verletzen. Wie eben in einem richtigen Kampf. Bis zum bitteren Ende. Dies bedeutet in diesem Fall, dass beide Seiten verlieren. Die Achtung und den Respekt der anderen Person, das Vertrauen und somit enthält man daraufhin das Gefühl, immer alleine dazustehen in dieser Welt.

Doch die positive Seite von dieser Seelenrolle bedeutet für dich, dass du mit viel Mut, Engagement, Entschlossenheit und Durchsetzungsvermögen jeden Wettbewerb gewinnen möchtest. Herausfordern stellst du dich jeder Situation, auch wenn du mit der Verliererrolle ein Problem hast.

Ein immerwährendes Training ist dir vertraut, denn dein Körper ist ein wichtiges Werkzeug dabei. Du bist ständig auf deinen Beinen unterwegs und daher liebst du Berufe, in denen du dich beweisen kannst. Ob im Leistungssport, beim Militär oder auch als Polizist, hier findest du deine Gefährten, die dir immer wichtig sind. Sei es nur für den Austausch und zum Vergleich. Schweiß ist dir vertraut und stößt dich niemals ab. Zeugt er doch von der getanen Arbeit, die du gerne mit einem guten Essen abschließt.

In der Partnerschaft ist dir die Sexualität sehr wichtig. Für Romantik hast du eher weniger übrig, lenkt sie dich doch vom eigentlich Wichtigen ab. Das Erreichen des Zieles und die anschließende Entspannung, das Unterwerfen des Mitspielers sind Teile deiner Eroberung und deines Spieles.

Du übernimmst freiwillig gerne das Kommando und drückst dich auch nicht vor Verantwortung.

Durch überlegene Blicke tastest du gerne deine möglichen Mitstreiter ab und deine Erfahrung ist für eine passende Strategie immens förderlich. Mit schwächeren Mitmenschen kannst und willst du dich aber nicht gerne abgeben. Dir ist es lieber, schnell auf den Punkt zu kommen, damit deine Ungeduld nicht unnötig strapaziert wird.

Tatkräftig schreitest du zur Sache unter dem Motto: „Nur wenn ich es selber mache, fühle ich mich wohl dabei. Dann ist es richtig und in kürzester Zeit erledigt!" Um den heißen Brei herumreden magst du genauso wenig, wie nicht auf den Punkt zu kommen. Diplomatie reihst du zu den Fremdwörtern ein, die du nicht benutzen willst. Geradeaus, immer deiner Wahrheit entsprechend, beschönigst du keinen Sachverhalt. Doch du kannst auch sehr respektvoll und unaufdringlich deinen Charme spielen lassen. Wenn dir jedoch etwas nicht in deinen Kram passt, dann übst du manchmal Druck aus. In diesen Situationen überlässt du auch den Leidenden schadenfroh seiner Seelenqual. Erst wenn sich dein Adrenalinspiegel wieder harmonisiert hat, sammelst du die Scherben auf und versuchst die Sache zu kitten.

Daher findest du dich auch gerne als Aktivist für Umwelt, Tierschutz oder Rassengleichheit wieder.

In diesen Rollen kannst du unter dem Schutz des großen Ganzen, deine Seelenrolle perfekt ausleben. Denn an einem Strang ziehen, verpasst dir dann die Glücksgefühle, die du als alleiniger Kämpfer selten erfährst. Und du hast das Gefühl, Teil einer sinnvollen, bleibenden Sache zu sein. Auch die Bewunderung anderer Menschen wird dir hier zuteil. Für deine Seele ist dies die Anerkennung, die dir auf anderen Ebenen unerreichbar bleibt. Ehre und Loyalität sind der Lohn für das Erreichen deiner Ziele. Willensstärke und Überzeugungskraft deine Begleiter.

Achte daher immer auf deine Erholungs- und Ruhezeiten. Sie sind bei dieser anstrengenden Seelenrolle ein unbedingtes Muss, um wieder neu gerüstet zu sein für die nächsten Taten. Auch Wartezeiten und vorübergehende Stillstände gehören dazu, um dein Leben wieder sinnvoll zu gestalten. Der größte Lernprozess dabei ist, deine Mitmenschen nicht immer nur herauszufordern, sondern neue Wege zu beschreiten. Finde daher einen friedlichen Weg, der dich ohne Probleme ans Ziel führt. Brems dich selber öfters ein, vor allem dann, wenn ein Sieg von Beginn weg unmöglich erscheint. Oder dein Energieverlust die Sache nicht wert ist.

Deine Kraft wird in dir täglich neu geboren. Verschwende sie nicht mit dem Lecken deiner Wunden, sondern mit der Begegnung auf Augenhöhe.

SEELENROLLE MIT DEM AUFTRAG ZU

AUFTRAG ZU

LERNEN

LEHREN

ÜBERMITTELN

Mit einer hohen Intelligenz gesegnet, verbringst du deine Freizeit gerne mit Büchern, Wissensaustausch und dem Lernen. Schule und vielleicht auch Lehre oder Studium sind dir immer leicht gefallen und dein Wissensdurst gab das übrige dazu, um erfolgreich durchzukommen. Mit Lehrern oder Mitschülern gab es selten ein Problem. Durch deine Einstellung, sich jeder Situation anpassen zu können, fällt es dir leicht, deinen eigenen Nutzen daraus zu ziehen.

Vielleicht fiel auch dadurch deine Berufsauswahl in Bereiche, dieses Wissen weiterzugeben und zu perfektionieren. Nur durch ständiges Weiterlernen hast du das Gefühl, sich der Jetztzeit anpassen zu können. Eine besondere Gabe von dir ist auch alles beobachten zu können und die richtigen Schlüsse daraus zu ziehen. Aber nur wenn du deine Augen und Ohren offen hältst, erlebst du auch die Welt rund um dich. Durch das Beschäftigen mit vielen interessanten Bereichen, wirkst du manchmal ein wenig weltfremd und uninteressiert. Praktische Dinge gehen dir oft nicht so leicht von der Hand, denn deine Stärken und Talente bewegen sich auf anderen Ebenen. Durch das Beobachten von verschiedenen Perspektiven greifst du jedoch gerne ein, wenn zwischenmenschliche Probleme bei deinen Mitmenschen auftauchen. Dann wird von dir geschlichtet und ein profunder Mediator tritt an deine Persönlichkeitsoberfläche.

Gefühle werden aber gerne vor anderen Menschen verborgen, könnten sie doch eine Schwäche aufzeigen, die du dir nicht eingestehen willst. Doch dies täuscht. Tiefgehende Emotionen müssen von dir erst einmal selbst behandelt und durchdacht werden, bevor du sie mit anderen teilst.

Aufmerksamkeit lenkst du auf alles, was dich interessiert. Doch Zeit wird nicht verschwendet, was dich nicht weiterbringt in deinem Wissensstand. Manchmal jedoch saugst du sprichwörtlich alles in dich hinein und zur gegebenen Zeit wird es bearbeitet, sortiert und gespeichert. Wie durch einen Filter nimmst du dann deine Umwelt wahr und brauchst etwas Zeit für dich. Daher kommt es nicht selten vor, dass du dich ein wenig verrennst. In der Zeit und auch bei deinen Vorlieben, verlierst du das Eigentliche aus den Augen. Theorien werden von dir aufgestellt und wieder verworfen. Verstrickungen können entstehen, die viel Zeit brauchen, um sie wieder entwirren zu können. Daher brauchst du öfters einen Stups, um aus deinen vier Wänden mal herauszukommen. Wenn du von einer Sache gefesselt bist, nimmst du zum Beispiel das schöne Wetter, draußen in der Natur nicht wahr.

Öfters trifft man dich mit einem Notizbuch in der Tasche oder in deiner Hand an. Ängste, etwas zu übersehen oder nicht gleich notieren zu können, veranlassen dich dazu, schnell mal Notizen zu machen. Alles willst du dokumentieren und mit Buchstaben, Zahlen und Zeichnungen festhalten, damit es Zeiten überdauern kann. Daher brauchst du viel Platz, um alles aufheben zu können. Regale, Körbe und auch große Stapel zieren manchmal deinen Arbeitsbereich.

Für deine Freunde, Bekannte und Familie wirkst du oft wie ein wandelndes Lexikon. Zu jedem Thema kannst du etwas beitragen, fast überall kennst du dich aus. Nicht immer muss es beweisbar sein, was dich gerade beschäftigt. Schon alleine die Theorie fasziniert dich über alle Maßen. Sie beschäftigt dich in Gedanken über längere Zeiträume. Spekulationen gehören bei dir immer dazu. Möglichkeiten werden in Gedanken zerpflückt und wieder neu zusammengebracht.

Schon seit der Zeit des Beherrschens der Lesekunst faszinieren dich Bücher über alles. Durch das Lesen eines Buches betrittst du eine großartige andere Welt, in der du immer wieder eintauchst. Autodidaktisches Lernen ist für dich ein normaler Vorgang. Jedes neue Gebiet eine besondere Herausforderung an deine Person.

Daher sind Bücher ein großer Schatz, auf den du genau achtest. Ein Verborgen von diesen Kostbarkeiten geht gar nicht für dich. Könnten doch andere Menschen diese Seiten beschmutzen oder nicht wertschätzen. Sie sind fast wie deine kleinen Seelenkinder, die von dir behütet und verwaltet werden. Außerdem darf nichts davon verloren gehen. Diese Eigenarten werden von deiner Umwelt nicht immer verstanden. Du wirkst auf sie etwas weltfremd und sehr anders.

Nimmst du dir mal Zeit für sonstige Dinge, haben sie jedoch meistens ebenfalls mit Wissen zu tun. Bei Frage- und Antwortspielen oder Strategie- und Wissensspielen kannst du dein gesammeltes Wissen im wahrsten Sinn des Wortes ausspielen und beweisen. Nicht selten wirst du dann als Streber und Professor betitelt und dein eher ernsteres Wesen belustigt zur Schau gestellt. Auch Witzeerzählen gehört nicht zu deinen großen Talenten. Du kannst sie zwar detailgenau wiedergeben, doch durch deinen trockenen Humor geht die Pointe etwas verloren. In Gesellschaften geht dein

Auftritt eher schüchtern vonstatten, die zur Schaustellung in den Mittelpunkt überlässt du gerne den Anderen.

Unbemerkt von dir selbst entwickelst du dich in vielen Situationen als Experte. Oft fehlt aber ein Quäntchen Selbstverwirklichung, um dies auch von der Allgemeinheit bestätigt zu bekommen. Deine Seelenrolle liegt also ein wenig im Hintergrundwirken. Gerne bist du bereit, andere Menschen, oft auch Kinder, zu unterstützen. Wenn es deine Fachbereiche und Interessensgebiete betrifft, schaffst du es, auch andere dafür zu interessieren und zu begeistern. Ein wunderschönes und erfüllendes Seelenleben, das sich auch gerne mit traditionellem Gedankengut beschäftigt und es für künftige Generationen weiterträgt. Damit nichts verloren geht.

SEELENROLLE MIT DEM AUFTRAG ZU

REDEN
PRÄSENTIEREN
VERKÜNDEN

Wenn du das Bedürfnis hast auf den Bühnen dieser Welt zu stehen und andere zu unterhalten, ihnen nützliche Dinge beizubringen oder dich zur Schau zu stellen, dann ist dies deine Seelenrolle in dieser Inkarnation. Ob Politiker, Musiker, Prediger, Verkäufer aller Art, Theaterspieler oder Medienstar, selbst gewisse Würdenträger und Einzelsportler findest du in dieser Rolle.

Schon in Schulzeiten zeichnest du dich als sogenannter Klassenclown aus. In Gesellschaften ist es für dich notwendig, unbedingt im Mittelpunkt zu stehen. Lampenfieber kennst du nur von Beschreibungen anderer und dein Verständnis dafür hält sich in Grenzen. Dies kannst du einfach nicht nachvollziehen. Für dich besteht jeder Auftritt vor kleinem oder großem Publikum aus reinem Genuss. Durch deine witzige Art genießt du eine Art Narrenfreiheit und dir wird selten etwas nachgetragen, auch wenn du dich über andere Menschen lustig machst und ihre Schwächen imitierst. Manchmal wird dir auch eine gewisse Bauernschläue nachgesagt, obwohl der tiefere Sinn dieses Ausdruckes mit einer Portion Weisheit gespickt ist.

Ungefragt zeigst du dein Talent in oft unmögli-
chen, nicht passenden Situationen. Von der Resonanz deines Auftrittes nährt sich dein Energiekörper. Wo Ignoranz herrscht ist dein Bleiben nur von
kurzer Dauer. Da suchst du dir lieber einen anderen Ort, wo deine Gegenwart geschätzt wird.

Der zweite Name deines Berufes ist Selbstdar-
steller oder Alleinunterhalter. Nichts kann zu dra-
matisch oder ausgefallen sein. Vorausgesetzt dein
Publikum zollt dir Respekt mit tobenden Applaus
und Anerkennung.

Selbst unangenehme Nachrichten kannst du
problemlos rüberbringen, ohne Vorbehalte zu we-
cken. Dein Verkaufstalent gilt auch für schwer ver-
käufliche Produkte oder Ladenhüter. Selbst
Dinge, die keiner wirklich braucht, bringst du problemlos an den Mann oder die Frau.

Durch deine emotionale Art und maßvolle
Übertreibung bist du ein perfekter Redner, der alle
Anwesenden in seinen Bann schlägt. Gelegentlich
schießt du aber über dein Ziel hinaus, doch origi-
nell wie du bist, wird es wieder schnell vergessen
sein.

Durch persönliche Informationen bringst du Leben in deine Auftritte. Ein sonniges Gemüt und

eine lockere Art sind große Stärken von dir. Oft ergibt sich während deiner Rede erst ein Zusammenhang, der gleich einem Puzzle, Teilchen für Teilchen, ein Bild ergibt. Deine Ausdrucksweisen und deine Art der Formulierung tragen dazu bei, es selbst sehr einfach strukturierten Mitmenschen verständlich zu machen. Die Interpretation unterscheidet sich von allen anderen Mitstreitern, obwohl deine Themen oft die gleichen sind. Das macht dich einzigartig und unverwechselbar. Da du auf jede Reaktion deiner Zuhörer achtest, kannst du immer sehr genau auf sie eingehen.

Festgelegte, geschriebene Worte sind nicht deins. Daher trifft man dich unter den freien Redner an. Mischt sich jedoch eine andere Person ein, reagierst du ein wenig ungehalten. Das Dulden anderer Personen, die sich wichtigmachen, gehört einfach nicht zu deinen Stärken. Gleich einem Löwen dominierst du deinen Raum.

Meistens findet sich in deinem Aussehen oder deiner Sprachfarbe eine Besonderheit, die auffällt und somit in der Erinnerung fremder Personen bleibt. Hände und Füße sind in ständiger Bewegung und drücken visuell einen Stempel auf deinen Vortrag. Deine Mimik strahlt und vereinnahmt jeden, der sich in deinem Umkreis aufhält.

Dich zu den Freunden zu zählen, ist für dein Umfeld ganz etwas Besonderes. Gerne profiliert man sich mit deiner Bekanntschaft, trägt doch deine Anwesenheit dazu bei, einen lustigen, lehrreichen und amüsanten Abend oder Tag zu verbringen. Dann fühlen sich alle wohl und die Gemeinschaft erfährt ein Zusammengehörigkeitsgefühl.

Doch manchmal wird übertrieben und es artet in eine Art von Geschwätzigkeit aus. Auch die Langatmigkeit wird dann bewusst und verleitet zur Schläfrigkeit. Ein gewisses Mittelmaß zu erreichen, liegt alleine in deiner Hand.

Eine Taktik und Weisheit dieser Seelenrolle sind auch ausgewählte Worte, längere Pausen oder sogar zwischenzeitliches Schweigen. Die Verbindung zu schaffen zu ganz alltäglichen Dingen gehört ebenfalls dazu. So erklärt sich mancher Ausdruck von fast ganz alleine.

SEELENROLLE MIT DEM AUFTRAG ZU

INSPIRIEREN

WERBEN

BEGEISTERN

Höhere Ziele zu erreichen und andere daran teilhaben zu lassen, ist dieser Seelenrolle auf den Leib geschneidert. Zeitweise sogar missionieren, überdies unterschwellig drohen, fanatisch ohne links und rechts zu sehen durchs Leben zu gehen, für das braucht diese Art Mensch eine große Gemeinschaft. Viele typische Berufsbilder dieser Seelenrolle finden wir bei Priestern, Umweltschützern und im Gesundheitsbereich, egal ob schulmedizinisch oder in der alternativen Heilmedizin. Einmal einer Sache verschrieben, scheuen sie keinen Kampf mit anders Denkenden. Unermüdlich setzen sie ihre ganze Kraft für diese eine Sache ein. Nichts in ihrem Leben hat einen ähnlichen Stellenwert. Toleranz und Mäßigung finden bei diesen „Päpsten" wenig Anklang. Sie sind wahre Sucher, die immer wieder das Feuer neu entfachen.

Solltest du in deiner Freizeit soziale Funktionen übernommen haben, oder sogar als Sozialarbeiter tätig sein, findest du viele Seelenaspekte in deinem Alltag, wie sie hier beschrieben wurden. Aber auch Psychologen, Weltverbesserer und Sänger, die mit ihren Texten die Welt bereichern und verschönern wollen, gehören dazu.

Immer wenn du vorwiegend das Gefühl hast, anderen Menschen und Tieren helfen zu müssen oder Abtrünnige wieder auf den rechten Weg zurück bringen willst, dann hinterfrage immer wieder deine Motive. Schon im Kleinen, als Mann oder Frau mit einem ausgeprägten Helfersyndrom, erfährst du so manche Zurückweisung, die du dann immer sehr persönlich nimmst. Ein Zulassen anderer Meinung kann hier von Vorteil sein, bist du doch im seltensten Fall der Verursacher für Missstimmung. Das dauernde Helfen macht dich zu einem Prellbock für Menschen, die mit ihrem Leben einfach nicht zurechtkommen können.

Doch dein intensiver Blick und deine fühlbare Begeisterung reißt jeden in deiner Umgebung mit. Erst wenn sie alleine wieder zur Ruhe kommen, können sie sich deiner hypnotischen Wirkung entziehen. Labile Menschen jedoch gehen dann für dich und deine Sache an ihre Grenzen, ohne es zu merken. Dies macht diesen Seelentyp indirekt verantwortlich, die Seelenrollen anderer Menschen zu verändern. Deine Leidenschaft lässt dich manchmal über das Ziel hinaus schießen. Die eigene Angst wird dann überdeckt durch eine Beurteilung anderer. Und die fällt nicht immer nur gut aus, verletzt sie doch durch ihre punktgenaue Analyse. In wenigen Sekunden wird der Spieß umgedreht, um nicht selbst verletzt zu werden.

Eine positive Rolle spielt dieser Typ der Seele in einer großen, unendlich fühlenden Barmherzigkeit. Wie ein guter Hirte werden die Menschen von der Dunkelheit ins Licht geführt. Große Menschen mit diesen Fähigkeiten haben unsere Geschichte geprägt. Frömmigkeit und Übereifer sind ihre Begleiter gewesen und werden es auch in Zukunft sein.

Stellt sich aber wer auf die Gegenseite dieser missionarischen Handlung, kann schon mal ein Feldzug gegen die Bösen inszeniert werden. Der Druck der daraus entsteht, führt nicht immer zum Frieden. Denn Einfluss auf die Gesellschaft zu haben, bürdet eine große Last auf die Schultern derer, die die Menschen anführen und leiten. Geld spielt hier eine zweitrangige Rolle. Das Ziel ist es, Bonuspunkte im Jenseits zu sichern.

Provokationen sind ebenfalls an der Tagesordnung, verhelfen sie doch, die trägen Mitmenschen zu animieren und bei der „guten Sache" mitzuarbeiten. Gemeinsam wird eine Stärke demonstriert, mit der auch geworben wird.

Auch Gurus und vor allem spirituelle Lehrer sind hier mit von der Partie. Durch ihren unermüdlichen Einsatz und dem Respekt vor dem Menschen, geben sie Hilfesuchenden und unorientierten Suchenden ein neues Ziel. Durch Zuhören und Verstehen bringen sie viele Menschen dazu, sich für sie oder die Sache zu interessieren.

Auch Werbefachleute faszinieren große Mengen, gaukeln sie doch oft eine perfekte Welt in ihren Aussagen wider.

Unterscheide daher immer Aufrichtigkeit mit Fanatismus, damit du beizeiten reagieren kannst, selbst wenn die Menge einer Idee nachläuft.

SEELENROLLE MIT DEM AUFTRAG ZU

LENKEN
FÜHREN
BEHERRSCHEN

Hier findest du Führer, die ihr Leben und viele andere Leben beherrschen und ihnen sagen, wo es lang geht. Dieser Seelentyp ergreift immer die Initiative und regiert in gewissem Maße eine ganze Menschengruppe.

Fällst du in diese Gruppe der Seelen hast du große Führungsqualitäten, die jedermann anerkennt und sich daraufhin freiwillig unterordnet. Machtvoll hast du großen Einfluss, die Dinge zum Guten zu wenden und zugleich eine große Liebe zur Menschheit und zur Natur in sich zu beherbergen.

Egal wo du auftrittst, überall gibst du den Ton an. Mit deinem Alter hat es nichts zu tun, auch ältere Menschen zollen dir Gehorsam und Respekt.

Vielleicht war dein erster Führungsplatz als Klassensprecher oder in einem Verein als Präsident. Diese Spitzenposition setzt sich im späteren Leben in der Berufswelt in Führungspositionen oder als Manager, im Aufsichtsrat oder sogar als Präsident in einem Verein oder Club fort. Die Karriereleiter hochzusteigen, war immer nur ein Zwischenziel. Erst anerkannte Positionen verhalfen dir zu Souveränität und Qualitäten, die von anderen Menschen selten angestrebt werden. Dein großes Ziel ist es andere zu führen, zu leiten und Regelungen in den Alltag von Mitarbeitern zu bringen.

Nur wenn du alleine bestimmen kannst, fühlst du dich wohl. Unterordnung kommt für dich nie in Frage, nicht mal in Ausnahmefällen. Eine gewisse Dominanz und sogar eine unterschwellige Aggressivität verhelfen dir anerkannt zu werden und zu sein. Ungeduld verbirgst du unter einem fast arroganten Auftreten.

Durch deinen Gesichtsausdruck und deine aufrechte Körperhaltung wird dir selten Parole geboten. Sie verdeutlichen deine allmächtige und allwissende Befugnis. Du wirkst daher oft über den Dingen stehend. Zielorientiert lenkst du deine Mitarbeiter(innen) durch die Stürme des Arbeitslebens. Durch dein vorbildliches Verhalten hältst du Gruppierungen dazu an, an einen Strang zu ziehen.

Visionen sind für dich selbstverständlich und gehören zu deiner Realität. Mitstreiter werden von dir ins Boot geholt, um gemeinsam die Stärke und den Erfolg zu demonstrieren. Doch deine „Untergebenen" sind keine Lemminge, sondern aktive Gefolgsleute, die deine Herrschaft anerkennen.

Automatisierte Aufmerksamkeit auf deine Person sind natürliche Folgen.

Manchmal schleicht sich jedoch eine kleine Tyrannei ein und die Handlungen sind nicht immer nachvollziehbar. Ungeliebte Arbeiten werden dann delegiert und manch einer fühlt sich einfach nur benutzt. Doch schnell wird durch gezielte Handlung der Spieß umgedreht und verwandelt den kritisierenden Untergebenen in einen begeisterten Mitarbeiter.

Ist dies die jetzige Rolle deines Seelendaseins, machst du viele Erfahrungen, da du ständig im Visier von deinen Mitmenschen bist. Egal ob du in der Kunst oder Kultur zuhause bist, Macht, Ausweitung deines Gebietes, sowie der Erfolg sind deine Bestrebungen für dieses Leben. Auch kleine Herrschaftsgebiete verhelfen dir zur mannigfaltigen Meisterschaft dieser Seelenrolle.

SEELENBRIEFE

Die folgenden Seelenbriefe können in der Reihenfolge, oder auch beliebig ausgewählt, gelesen werden.

Sie wurden von den sieben Sternschreibern so übermittelt, dass sie für fast jeden Leser dieser Seiten ganz oder zum großen Teil zutreffen können. Doch täusche dich nicht, hinter den folgenden Worten ist eine enorm hohe Energieschwingung verborgen, die beim Lesen der Buchstaben in Kraft tritt.

Gleich einer Energieeinweihung werden die Energiebahnen gereinigt, wieder durchlässig gemacht und die freigesetzte Energie kann daher dann in die Tiefe der Seele dringen und die Verknüpfung zu deinem Geist herstellen. Ihre Aufgabe ist es einzig und allein zu **erinnern**.

Diese Verbindung dient dazu, wieder **den vollen Zugang zur Seelenverbindung** herzustellen, der durch Vergessen, Versprechungen, Schwüre, Eide, Flüche, Verwünschungen, Besetzungen und viel mehr dieser Art unterbrochen wurde.

Da der Mensch sich gerne den Gewohnheiten hingibt, könnte es in einzelnen Fällen vorkommen, das ungewohnte Körperempfindungen auftreten, die du vorerst nicht zuordnen kannst. Ein anderes

Gefühl tritt an die Oberfläche, welches von dir erst wieder integriert und als *normal* angesehen werden möchte. Durch deine Aufmerksamkeit auf das Ungewöhnliche wird es nochmals verstärkt. Lasse dich daher nicht abbringen, dein Energieungleichgewicht durch diese Briefenergie auszugleichen.

Irgendwann musst du dich in deinen Inkarnationen sowieso dem Ganzen stellen und es bereinigen. Wieso also nicht sofort, du ersparst dir vielleicht einige Inkarnationen mit schmerzhaftem Lebensinhalt. Diese Abkürzung dient deiner Seelenentwicklung und deinem Seelenbewusstsein. Viel früher als vorgesehen kannst du dich der Erholung und des Genusses dieser Energieform widmen.

Außerdem könnte es ja sein, dass genau **JETZT deine Zeit ist, sich diesem Heilungsprozess zu stellen** und ihn mit einem frohen Bewusstsein zu unterstützen, durch das Zulassen von Veränderungen in deinem Leben.

Regt sich jetzt Widerstand in dir, klebst du immer noch fest an den Verhaftungen dieses Daseins. Nur durch dein entschlossenes Handeln kannst du dem entgegensteuern. Auch Besetzungen und Energieanhaftungen in deinem Energiekörper, deiner Aura, möchten verhindern, dass du dich dem Licht zuwendest. Verlieren sie doch dabei ihre Existenzgrundlagen und sie blockieren mit Angstauslösern in dir diesen Prozess. Sieh deshalb genau hin und höre in dich hinein. Ist es wirklich **deine** Angst, die du spürst?

Atme tief in dich hinein und bitte um geistige Hilfe aus der lichtvollen Welt. Deine Seelenfamilie wird dich hier bereits unterstützen, damit du den Zugang zu ihnen wieder findest. Durch berührende Energiewolken greifen sie heilend hier ein und so manche Träne spült die Angst aus dir heraus. Impulse in dir, die vielleicht wellenartig durch deinen Körper ziehen, bringen dir Befreiung von diesen **Anhaftungen, die niemals zu dir gehörten**.

Viele, die dies bereits erfahren haben, berichten von einem selbstbestimmten, vorwiegend glücklichen Erdenleben. Selbst Lebensveränderungen, die uns herausfordern durch Angst, Schmerz und Leid, können dich nicht mehr hinabziehen in das Dunkle dieser Welt. Dein Licht leuchtet überall hin und lässt dich nicht mehr verzweifeln, sondern lösungsorientiert, mit der Seele denkend und fühlend, entgegensteuern.

Kein Mensch hat mehr die Macht über dich, außer du selbst. Jede Veränderung wird verstanden und die Selbstverantwortung für das Tun wird augenblicklich übernommen. So bist du niemanden und keiner Situation ausgeliefert. Du bestimmst den Kurs, den deine Seele gewählt hat. Und zwar auf direktem Weg, ohne die lästigen und verpflichtenden Umwege.

Ich wünsche dir wunderschöne, berührende Momente mit deiner Seelenfamilie, die dein Herz zum Strahlen bringen und du die Melodie deiner Seele mitsamt ihren heilenden Schwingungen vernimmst und in deinen Seelenkörper integrierst.

Mache dich auf und lasse dich von deinen Familienmitgliedern deiner Seele inspirieren und zum Träumen bringen.

Alles Gute und Liebe für DICH!

Brief deiner Seelenmutter

Mein geliebtes Seelenkind,

dein Wille zum Leben begann schon in Zeiten, in denen ihr Menschen dies noch nicht benennen konntet. Das Zentrum deiner Lebenskraft liegt im Willen zum Sein, ebenso wie dein Urvertrauen und dein Sicherheitsgefühl. Manchmal scheint es mir, dass du zweifelst an dem Vertrauen in die Kraft, die du durch die Erdenergie erfährst.

Wie oft habe ich dich gelehrt, auf dein Herz zu hören. Leider dringt meine Stimme zu dir nicht mehr direkt durch, doch die innere Verbindung wird nie zwischen uns abreißen. Keine Inkarnation hat dies je vermocht. Sogar Existenzängste, zeitweise Orientierungslosigkeit und eine Triebhaftigkeit zu Dingen, die jetzt zu deiner Welt gehören, kann unseren direkten Draht niemals stören.

Immer werde ich deine Stütze sein, hinter dir stehen und dich auffangen, wenn es nötig sein muss. Wenn du glaubst alleine zu sein mit deinen Nöten, stehe ich hinter dir und zeige dir den Weg.

Deine Beine und Füße lenke ich mit unendlicher Geduld und verhelfe dir zu einer Stabilität, die du in deinem Alltag oft dringend brauchst. Ich bin deine unendliche Quelle für die Stärkung deines Willens und deine Aufrechterhaltung der Sicherheit.

Die richtige Verwurzelung und das Entfachen des inneren Feuers lässt Wohlstand und Fülle in dein jetziges Leben treten. Glaube an dich und deine Fähigkeiten, stelle sie nie in Frage. Nur auf einem festen Fundament kannst du diese Existenz aufbauen und achtsam leben.

Erfahrungen, die du auf deinem Lebensweg machst, integrierst du problemlos in dein Allwissen. Mit Begeisterung verfolge ich deine Aktivitäten, deine Liebe zur Natur und dein Vertrauen in deine Mitmenschen. Wenn du einmal zweifelst, denke daran, dass alle Suchende sind. Dann kannst du sie besser verstehen und fühlst dich nicht mehr länger verantwortlich für ihr Tun.

Mein stolzes Kind, ich habe so viel Freude an dir. Dein Werdegang begeistert deine ganze Seelenfamilie und wir sind unendlich dankbar, dass du uns gewählt hast als deine wahre Heimat. Versuche alles in Harmonie aufzulösen und fülle Ungleichgewichte mit deiner großen, unendlichen Herzensliebe aus. Nicht alles musst du mit deinem Verstand be-

greifen. Schöpfe aus dem unendlichen Meer des Wissens rund um dich und lasse dein Herz schwingen, damit eine Heilungsresonanz entstehen kann. Viele deiner Mitmenschen und deiner Erdenfamilie spüren diese bereits sehr intensiv. Auch wenn sie dies nicht zuordnen können, profitieren sie davon für ihre Entwicklung.

Den stärksten Zugang zu mir hast du nachts. Meine Freude ist riesengroß, wenn du dich aufmachst in deine wahre Heimat und unsere Verbindung durch deinen Besuch gestärkt wird. Unsere Energien treffen aufeinander voller Liebe und Verstehen und wir ummanteln uns gegenseitig. Wie gut dies tut. Daher bist du nach deinem nächtlichen Besuch oft verwirrt und fühlst dich alleine. Auch wenn deine Erinnerung nur mehr Fragmente dieser Gefühle behalten hat, so ahnst du doch, dass es da noch so viel mehr gibt. Bei der Verarbeitung deiner Eindrücke, welche auch fast ausschließlich in der dunklen Zeit passieren, kennst du vergleichbare Emotionen. Deine Rückerinnerung funktioniert ähnlich, wie wenn du eine kleine Reise, einen Tagesausflug machst. Abends fallen dir in erster Linie die positiven Eindrücke ein, danach die nicht ganz so stimmigen. Erst viel später erinnerst du dich an mehr.

Genauso passiert es bei deinem Heimaturlaub in der Weite des Universums.

Bitte verwechsle dies aber nicht mit ganz normalen Träumen. Diese sind lediglich das Aufarbeiten der Tagesgeschehnisse, die du dir oft mit anderen Personen oder Orten, auch aus deiner Vergangenheit, hervorholst, um sie zu verstehen. Deine Besuche daheim bei mir und deiner Seelenfamilie haben nie etwas mit Angst, Sorgen, Schrecken, Krankheit, Tod oder gleichermaßen negativen Bildern und Emotionen zu tun. Sie tun dir einfach gut, du fühlst dich geborgen und beschützt und diese Wahrnehmung trägst du dann auch noch nach dem Erwachen in dir. Sollten sich nach diesen Besuchen daheim leichte Kopfschmerzen einstellen, vertraue darauf, dass sie bald wieder von selbst vergehen. Wenn du zwischen diesen Welten hin- und herpendelst, ergeben sich große Schwankungen im Energiebereich. Dein Körper muss sich erst wieder auf die Schwingung in der dritten Dimension einstellen und die mitgebrachten Energiefelder integrieren.

Feinfühligkeit und die Beziehung zu dir selbst geben hier den Ton an. Bist du mir nahe, auch bei Tage, dann stimmst du dich automatisch in höhere Frequenzen der Energie ein und lässt den niedrig schwingenden Alltag hinter dir. Zumindest für kurze

Zeit. Solltest du diesen hohen Energielevel aber nicht für längere Zeit halten können, verzweifle nicht. Vergleiche es mit einem Training für deinen Körper. Auch hier schaffst du dein Ziel nicht beim ersten Anlauf. Viele Trainingsstunden sind notwendig, um deine Sehnen zu dehnen und deine Muskeln aufzubauen. Genauso geht es mit anderen Dingen in deinem Leben.

Talente und Begabungen hast du genügend mitbekommen in diese Inkarnation. Jetzt darfst du sie erkennen und für deine Zwecke gebrauchen. Wie wunderbar fühlt es sich für dich an, wenn du an dich selbst glaubst und dich langsam wiedererkennst, wer du wirklich bist. Eine unendlich lebende Energiefrequenz, die Zugang zu allen Visionen und Zielen hat.

Solltest du in deinem Umfeld bemerken, dass Menschen anders sind als du, nicht verstehen, wieso sie an dem Platz sind, wo sie gerade stehen, dann habe Geduld mit Ihnen. Sie haben sich vielleicht einen anderen Körper so sehr gewünscht, dass sie ihren eigenen nicht mehr „besetzen" und wahrnehmen. Im schlimmsten Fall werden ihre Seelen sogar wandern und zeitweise andere Körper mitbewohnen. Hier liegt der Wahnsinn begründet, wie ihr Er-

denbewohner ihn nennt. Verwirrung und Gefühllosigkeit begleiten sie von nun an. Erst wenn diese Seelen ihr Tun erkennen, kann Heilung passieren. Kein Arzt eurer Welt, noch Medikamente, könnte diesen Menschen wieder gradebiegen. Nur mit Liebe und Einfühlsamkeit für seine Lage, dem aufmerksam machen, dass es auch einen anderen Weg gibt, wird diese Wanderseele, bei der Suche nach ihrem wahren Seelenkörper, unterstützt.

Entscheiden sich aber zwei Seelenfragmente für einen Körper, wird dies auf eurer Erde durch ein besonderes Talent und durch Genialität ausgedrückt. Doch auch hier ist es nicht immer einfach, dem gerecht zu werden. Diese Menschen fühlen sich immer hin- und hergezogen. Eine ständige Unruhe entsteht, da jeder Seelenteil den Platz beansprucht. Anforderungen an die eigene Psyche vervollständigen dann oft das innere Chaos in diesen Personen. Auf das Umfeld wirkt so ein Mensch dann zerstreut und oft nicht fähig, den Alltag zu meistern, obwohl sie Genies sind.

Deine Aufgabe ist es, sich mit allen zu arrangieren. Sie zu nehmen, so wie sie gerade sind. Damit kommen sie am besten zurecht. Dankbar werden sie deine Unterstützung annehmen und sich ein wenig verstandener fühlen.

Nun wieder zu dir, mein geliebtes Kind. Wie eine Erdenmutter lehrte ich dich, immer in jeder Situation auf dich selbst zu vertrauen und dich zu lieben. Nicht jeder Blick im Spiegel wird von dir angenommen und unbewertet reflektiert. Das muss auch nicht so sein. Dein Ziel war es immer, in den Spiegel deines Lebens zu schauen.

Jeden Tag wird dir so vieles aufgezeigt. Wie eure kleinen Kinder legst du ein ungeheures Tempo vor, wenn es um deine Entwicklung geht. Mein Herz geht fast über vor Liebe, wenn ich deine Bemühungen beobachte. In den seltensten Situationen fühle ich mich verpflichtet, einzugreifen oder abzuschwächen, dich aufzufangen oder einfach mal wieder zu umarmen. Ein zarter Windhauch, ein Gefühl, als ob dich etwas streifen oder berühren würde, wird dann von dir wahrgenommen. Genieße meine Zuwendungen einfach, ohne ständig dann darüber zu grübeln, ob ein Fenster offen ist. Nicht nur ich, sondern deine ganze Seelenfamilie nimmt immer wieder Kontakt zu dir auf, damit du dich nie mehr einsam fühlst. Für dich unsichtbar, doch auch präsent in deiner Welt, leben wir dein Leben mit. Die guten, wie auch die nicht so guten Momente. Wenn du dich freust, freue ich mich mit dir. Bist du traurig, tröste ich dich. Einsam und alleine lasse ich dich nie zurück. In jedem

Moment ist meine Liebe zu dir gegenwärtig. Für ewige Zeiten, bis unsere Seelenteile am Ende deiner Inkarnationszeiten wieder mit mir, mit deiner Seelenfamilie, verschmelzen und zurück in das große, unendlich leuchtende Licht gehen.

Gleich einer Erdenmutter räume ich alles, was dir im Wege steht, aus dem Weg. Doch wählst du einen anderen Weg mit deinem freien Willen, darf ich nur zusehen und dich unterstützen, damit du unbeschadet an deinem nächsten Etappenziel ankommst. In Phasen, wo du Energieungleichgewichte ausbalancierst, ihr nennt es übrigens Erkrankungen, helfe ich dir mit allem, was mir zur Verfügung steht und wo ich laut deinem Seelenplan eingreifen darf. Nur wenn dein Entwicklungsweg mit einer Krankheit gekoppelt ist, darf ich bei der Heilung nicht eingreifen. Jedoch bin ich dann deine Unterstützung im Heilungsprozess deiner Psyche und letztendlich deines Seelenanteiles. Von Zeit zu Zeit erfährst du auch die Zuwendung und Liebe der ganzen Seelengruppe, der wir angehören. Alles, was förderlich für dich ist, wird für dich getan. Dessen kannst du dir immer gewiss sein. Wir lieben dich, so wie du jeden Moment bist. Ohne Wenn und Aber.

Gehst du auch manchmal Irrwege in Partnerschaften oder in deinem Berufsweg, beobachte ich dich. Nicht um zu kontrollieren, sondern in jedem Moment deines Lebens eingreifen zu können, wenn die Situation, in der du dich befindest, nicht mehr dem großen Ganzen dient. Doch letztendlich ist alles wichtig auf deinem Weg, jede Erfahrung, ob gut oder schlecht, bringt dich dorthin, wo du am meisten davon profitierst. Deine Entscheidungen und deine Auswahl, mit welchen Personen du dich umgibst, wird von mir weder beurteilt, noch verändert. Aus meiner Sicht ist mir ja bestens bekannt, wieso dies geschieht. Menschen, die dir durch ihre Worte oder Aktivitäten ein Unwohlsein oder sogar eine Verletzung zufügen, haben in einer Absprache mit dir auf unserer Energieebene sich für deine Erfahrungen zur Verfügung gestellt. Nur wer dich voll und ganz liebt, fügt sich in diese für dich als Erdenmensch negative Rolle, damit du lernst und diese Energieerfahrungen in deiner ganzen Seele integrieren kannst. Für dich als Mensch schwer verständlich, doch je eher du solch eine unangenehme Erfahrung integrierst, also nicht mehr bewertest, findest du dein Seelenheil wieder. Danach wirst du von mir getröstet, indem ich deinen gewählten Erdenkörper in Licht tauche und mit meiner Energie umhülle. In diesen Momenten übermannt dich der Schlaf des Vergessens und du kannst dich wieder erholen und Trost und Zuversicht erfahren.

Manchmal sind mir auch Bekannte, Freunde und Angehörige deiner jetzigen Familie behilflich. Des Öfteren kommt es auch vor, dass für dich fremde Personen dir zur Hilfe kommen. Das stößt bei dir auf große Verwunderung, da du ja ahnst und weißt, dass sie dir nicht verpflichtet sind. Es geht sogar so weit, dass sie dein Erdenleben retten, obwohl sie sich selber in große Gefahr begeben. Doch auch dies ist in Lichtebenen abgesprochen. Daher lehne ich mich beim Beobachten dieses Tuns zurück und vermittle dir dann die innere Ruhe, die du dabei brauchst. Von meiner Ebene aus gesehen, gibt es ja keine Zeit. Mein Blick umfasst zur gleichen Zeit, alles was bereits passiert ist, jetzt gerade aktiv ist und auch jenes, das in Zukunft auf dich zukommt. Nur ihr Menschen habt eine andere Wahrnehmung. Daher bist du in vielen Momenten unsicher, kannst dich nicht entscheiden oder hast sogar Angst vor dem, was auf dich wartet. Lerne wieder zu vertrauen, denn in der Zeit, in der wir nicht getrennt waren, hattest auch du diesen Blick auf das Ganze. Manchmal ertappe ich mich dabei, dass ich dir Bilder schicke. Du erfährst sie als Ahnungen, wie eine innere Intuition. Dies ist nichts übernatürliches, denn deine Natur *hatte es immer integriert. Nur durch das Vergessen bei deiner Erdengeburt, drang es wieder in den Hintergrund deines Unterbewusstseins.*

In Zeitabschnitten, wo Glück und Zufriedenheit den Vorrang haben, begleite ich dich still und lautlos, um an deiner Freude teilzuhaben. Wie wunderbar ist es doch für eine Mutter, so ein begabtes und wunderschönes Kind zu haben. Jeden Tag erfüllst du mich mehr mit Liebe zu dir. Unsere Herzensverbindung ist mit nichts zu vergleichen.

Deine Entwicklungsschritte werden immer schneller und größer, je mehr an Erdenjahren du auf dem Schulplaneten Erde verbringst. Mit deinem reiferen Alter verstehst du schon so vieles, musst nicht mehr Lektion für Lektion durcharbeiten. Manchmal fällt es dir selber auf und zaubert mir damit ein Lächeln in meine Lichthülle.

Selbst wenn der scheinbare Tod in deine Nähe kommt, fühlst du, dass es niemals ein Ende ist. Wie ein Abstreifen einer Haut, die nicht mehr gebraucht wird, kehrt das wahre Lichtwesen des Betroffenen zu uns ins Licht zurück. Ein Freudentag für seine Seelenfamilie, kehrt er oder sie doch in den Schoß zurück, der ihn entsandt hat.

Von Wichtigkeit ist auch das Begreifen, dass in jeder inkarnierten Seele beide Geschlechter vorhanden sind. Lediglich zum besseren Begreifen der Seelenaufgabe werden auch äußere Merkmale mitgegeben, die von euch Menschen angenommen werden können. Doch schon bald wird ein Ungleichgewicht entstehen, da verschiedene Prägungen im Umfeld, übernommene Verhaltensmuster und Einstellung, die ihr im Laufe des Lebens bekommt, eine Verschiebung der Geschlechterpole zulässt. Je nach diesen Gegebenheiten und Ereignissen kann es auch vorkommen, dass eine Frau sich zu einer anderen Frau hingezogen fühlt, ein Mann sich in einen anderen Mann verliebt. Ist es eine gravierende Verschiebung, die schon sehr jung erfahren wird, kann es auch vorkommen, dass man sich im falschen Geschlecht erkennt. Ein Männerkörper wächst heran, den die überwiegend weibliche Seelenrolle bewohnt. Natürlich ist es auch umgekehrt möglich.

Begegnest du solchen Menschen, dann höre auf dein Herz und nicht auf deinen Verstand und die Gesellschaft. Sie sind oft unglücklich genug und brauchen viel Herzenswärme, Verständnis und eine große Portion Toleranz. Menschen und Tiere, sowie die Natur soll man immer mit dem Herzen und dem Bauchgefühl lieben, niemals mit dem Diktator Kopf.

Daher bin ich mächtig stolz auf dich, dass du die wahren Werte eines Menschen siehst und nicht nur ihren Körper. Unsere große Seelengemeinschaft ist immer bemüht, euren Planeten im Gleichgewicht zu halten, jedoch brauchen wir auch eure Hilfe. Dass du dich für die Benachteiligten oft einsetzt, freut uns ebenso wie deine soziale Ader und dein Naturverständnis.

Je mehr du an Erfahrungen und Jahren dazugewinnst, umso besonnener und bewertungsfreier wirst du deinen Alltag durchleben. Die Aufmerksamkeit auf deine Gegenwart, dein Jetzt, verhilft dir in jeder Situation die Freude und das Bewusstsein auszuleben. Dies tut dir so gut, wenn nur der Augenblick wahrgenommen werden kann. Denn in dieser Sekunde zählen nur du und deine Empfindung. Gedankensplitter können in dieser Aufmerksamkeit nicht festhalten und sie verflüchtigen sich genauso schnell, wie sie erschienen sind. Voller Wonne kannst du diese Achtsamkeit genießen. Mit Bewunderung für dich stelle ich fest, dass vorher genannte Momente sich mehren. Du bist auf dem richtigen Weg.

Dein Sehnen nach der Heimat habe ich zwar immer wieder vernommen, doch beobachte ich auch, dass du sehr gut zurechtkommst in deinem Leben.

Sollte sich der eine oder andere Fehler einschleichen, oder du mal ängstlich und orientierungslos sein, vertraue ich auf deine schnelle Wiedergutmachung und deine Fähigkeit zu verzeihen.

Wenn du mich brauchst, rufe mich mit deinem Herzen. Egal zu welcher Stunde, ich bin immer für dich da und bereit dir zu helfen. Tröstende Gefühle schwingen dann durch deinen Energiekörper, die Atmung wird sich beruhigen und du kannst dann deine Aufmerksamkeit wieder auf dir wichtige Dinge lenken. So einfach geht es, nur durch Gedankenformen erschaffst du dir eine lebenswerte Welt. Lasse dich nie durch andere Menschen und Zugeständnisse zu Dingen verleiten, die dir nicht guttun. Höre auf deine Intuition, du hast sie in allen Belangen immer dabei und der Zugang ist ausschließlich für dich geöffnet. Bediene dich der unendlichen Wissensbibliothek, die du dir im Laufe deiner vielen Leben angehäuft hast. Sie ist dir als Akasha-Chronik bekannt. Um auf sie zugreifen zu können, brauchst du keine Einweihungen, keine Seminare oder Gebrauchsanweisungen. Dein inneres Wissen ist bereits seit vielen Inkarnationen da und muss und kann niemals gekauft werden.

Geliebtes Kind, das ganze Universum hat es sich zum Ziel gesetzt, **DICH glücklich zu machen**. Fange *also beizeiten damit an, selbst Glück zuzulassen und auszuleben. Durch Spiegelungen in deinem Umfeld erfährst du, wo es noch etwas für dich zu verändern gibt. Sehe dies nicht als Aufgabe oder Pflicht, sondern als spannende Bereicherung deines Lebens. Viele Belohnungen wirst du mit dem Erlangen von Selbstbestätigung erfahren. Liebe, Treue und Verbundenheit sind einige fühlbare Eigenschaften, die deine Freunde und deine Erdenfamilie dir entgegenbringen. Wie wunderschön dich bei diesen Erfahrungen zu beobachten. Genieße sie einfach und frage dich nicht immer, ob du dies wirklich verdient hast. Dein Strahlen ist Belohnung für jeden, der dich erlebt.*

Es tut mir fast weh, diesen Brief an dich zu beenden. Doch meine Liebe zu dir wird jede Ewigkeit überdauern. Sei dir gewiss, dass es immer so bleiben wird zwischen uns.

Hier noch eine besondere Botschaft für dich.

Der nächste Regenbogen, der in dein Leben tritt, zeigt dir an, was auf deiner Lebensreise alles möglich ist. Alles was dein Herz erfreut, was deine Seele erhebt, wirst du in den schlichtesten Umständen als Segen und Zauber entdecken. Denn es ist immer möglich, wahres Glück zu finden. Gib dich nicht mit den kleinen Zielen zufrieden, sondern sei dir der Schätze deiner Welt gewiss. Jage aber nicht flüchtigen Zielen nach, sonst verlierst du dich aus den Augen. Lasse jede deiner Handlung heilig werden und dein inneres Licht nach außen strahlen.

Du bist von guten Geistern umgeben, die dich fördern und unterstützen. Dadurch gewinnst du an Stabilität und Sicherheit auf all deinen Wegen. Mit Begeisterung wirst du von heute an dein Leben meistern.

Schließe nun deine Augen und fühle meine Umarmung und meinen Kuss auf deine Stirn und deinen Mund ...

Deine Seelenmutter

Brief deines Seelenvaters

Mein geliebter Seelenschützling,

wie stolz war ich doch, als ich von meiner Vaterrolle erfuhr. Obwohl ich zu diesem Zeitpunkt weder erahnte was auf mich zukommen würde, noch wie ich es bewältigen könnte. Eine immense Freude durchströmte mich, wenn ich an dich, mein geliebtes Kind, dachte. Obwohl ich es schon in anderen Seelenfamilien beobachtet hatte, wenn sich ein neues Seelenkind unserer Zusammengehörigkeit anschloss, doch du warst und bleibst für mich immer etwas ganz Besonderes.

Schon vom ersten Augenblick an, wusste ich, dass du und ich eine ganz außergewöhnliche Beziehung haben. Deine Augen, die mich groß ansahen, dein liebes Wesen, aber am meisten berührt war ich von deinem vollkommenen Energiefeld, das dich umhüllte.

Ganz selten kommt eine solch unvergleichliche Reinheit der Energiefunken zustande, dich sich impulsartig durch deinen Lichtkörper zogen. Am liebsten hätte ich der ganzen Seelenwelt berichtet, wie schön du bist.

Behalte dir daher bitte dieses Funkeln, das man immer noch in deinen Erdenaugen wahrnehmen kann, bei. Auch wenn du dich oft nach uns sehnst, lebe dein Leben in dieser Inkarnation doch voller Kraft und in der Wahrheit. Alles andere würde nicht zu deinen spirituellen Lichtfunken passen.

Kenne keine Hemmungen, wenn es um das Ziel deiner Entwicklung geht. Oft erscheint es, als ob ein Mangel aus Ausdrucksmöglichkeiten und Intoleranz deine Welt beherrschen würde. Doch du überwindest problemlos diese Dualität, denn du bist ein hervorragender Vermittler und Lehrer. Deine besonderen Gaben und Talente kannst du nicht nur in deinen Gedanken ausdrücken. Klarheit und Wahrheit ausdrücken kannst du auch mit Worten und Taten. Wie wenn du eine neue Form entstehen lassen würdest.

Ich bin dein Vater. Ich richte nicht über dich, noch urteile ich. Meine Energieform ist dazu da, dich auf deinen Wegen zu beschützen und dir kleine Hinweise, die ich dir in vielen Formen zukommen lasse, zu geben. Daher setze so oft es geht, dein Baugefühl ein, denn es ist dein Energiezentrum und deine Andockstelle deiner Seelenfamilie. Versuche auch du in deinem Alltag kleine Pausen einzulegen und dich darauf zu fokussieren, damit du immer auf „Empfang" bist. Richte dich nach den Gesetzen des Kosmos, dann wirst du Menschen, Tiere und Orte lieben und ihnen ihre Wertschätzung von dir zeigen, indem du sie so belässt, wie sie sind. Denn Veränderungen dürfen nur dort passieren, wo sie von der anderen Seite erwünscht sind und in deren Entwicklungsstufe passen.

Zum besseren Verständnis ein Vergleich deines Alltages. Hier musst du dich nach den Gesetzen des Landes, deines Staates richten. Doch nicht immer findest du solche Paragraphen gerecht. Wurden sie doch von Menschen gemacht, die an erster Stelle ihre Wünsche und Erwartungen darin verpackten. Erst zweitrangig richten sie sich nach dem Volk. Der persönliche Entwicklungsstand und das Ego dieser Gesetzeshüter zum Zeitpunkt der Gesetzeslegung entsprechen niemals dem allgemeinen, kausalen Entwicklungsweg der Menschen- und Tiermasse. Ebenso gilt dies für die Natur. Daher sind diese Gesetze oft schwer umsetzbar und werden erst im Laufe der Zeit angenommen, wenn die Masse in einem Einheitsbrei versinkt.

Keine Gültigkeit haben diese Voraussetzungen für die kosmischen Sternengesetze. Geboren wurden sie aus einem uralten Wissen und der Weisheit der Sternschreiber mit Hilfe der gesamten geistigen Welt. Zum Ziel hatten und haben sie immer noch in erster Linie der möglichst geebneten Entwicklung der Geschöpfe der Planeten, auf dem sie sich aufhalten und lernen. Diese göttliche Präsenz beinhaltet alle Zeiten in sich und daher wissen sie wirklich. Sie ahmen nichts nach, kennen keine Fehler und Vorurteile, brauchen keine Hilfe von anderen Helfern. Göttlich und fern von menschlichen Begierden und Wünschen sehen sie nur das pure Dasein und die Lebensberechtigung, auch für kleinste Lebewesen. Allumfassend ist jeder Teil, ob klein oder groß, wichtig.

Übe dich daher in Demut, denn das Wissen ist nicht immer an deiner Oberfläche, sondern oft tief in dir vergraben. Es wartet aber immer geduldig darauf, dass du es entdeckst und für deine Bestimmung nutzt. Ich bin ein Teil derer, die dich unterstützen und als göttlicher Seelenfunken sehen. Wie wunderbar du doch bist. Schaue in den Spiegel und versuche dich mit meinen Augen zu sehen. Dann wirst du mich verstehen, wieso ich dich so annehmen und vorbehaltslos lieben und ehren kann.

Deine Vielseitigkeit in vielen Belangen lässt dich schnell Zusammenhänge erkennen, wo andere oft noch im Dunkeln tappen. Nütze daher diesen immensen Vorsprung, den ich immer unterstützen werde.

Eine gewisse Unabhängigkeit darfst du dir ruhig beibehalten. Dein Freiheitsdrang begann schon in unserer Welt der hohen Lichtdimension seinen Anfang zu nehmen. In meiner Obhut jedoch, führt alles was du beginnst, zu einem guten Ende. Du lernst phänomenal schnell und integrierst dein Wissen wie ein Computer auf seiner Festplatte. Trotzdem kann es vorkommen, dass du nicht gleich jede Prüfung auf deiner Erde bestehst. Dies liegt jedoch nicht an deiner Intelligenz, sondern an dem Verzögern und Transportieren in der dicken, niedrig schwingenden Energiesuppe, die auf der Erde herrscht. Nur wenn du deine Energiebahnen regelmäßig mit uns verbindest, hältst du deinen Energiefluss lebendig und schnell laufend. Ich zeige dir eine kleine Übung, die dein Menschenproblem schnell beseitigt.

Strecke deine Hände nach oben über deinen Kopf, lege deine Handgelenke so zusammen, dass sie sich berühren. Bitte um Kontakt zu deiner Seelenfamilie und fange an, deine Hände und Finger zu bewegen, ohne den Punkt an den Handgelenken zu lösen. Denke dabei nicht an deine Hände, lasse sie selbstständig ihren Bewegungsablauf suchen. Konzentriere dich auf das Gefühl, dass du in deinem Körper wahrnimmst. Egal, an welcher Stelle du es fühlst, die Verbindung ist sofort

da und deine Energiebahnen sind wieder aufnahmebereit und durchlässig.

Mache diese Übung, sooft du daran denkst. Egal ob es sich dabei um dreimal pro Tag, einmal in der Woche, oder so oft, dass du gar nicht mehr mitzählst, handelt. Im Alltag wirst du schnell merken, dass es verschiedene Vorgänge erleichtert und du bessere Resultate erzielst.

Wie bin ich doch froh, dass ich dich unterstützen kann, auch wenn ich für dich nicht sichtbar da bin. In deiner jetzigen Welt unterliegst du ja Raum und Zeit, jedoch deine Seele hat schon so oft eine andere Erfahrung machen dürfen, dass sie dir in deinem Unterbewusstsein hilft, diese Begrenzungen ohne Schaden zu durchleben.

Dein Werdegang lässt mich hoffen, dass du erfolgreich nach getanem Erdenaufenthalt wieder in unsere Dimension eintrittst und ich dich, geliebte Seele, mit den göttlichen Lichtfunken verwöhnen darf. Doch noch ist es nicht so weit, gezählt an Erdenjahren hast du noch ein wunderschönes, bereicherndes Erdenleben vor dir.

Jede Erfahrung, die du in deinem Alltag machst, hat eine besondere Bedeutung. Manche leicht be-

wältigend, neigst du dazu auch schwierigere anzu-
ziehen, um zu lernen und perfektionieren. Doch höre
gut zu, was ich dir jetzt sage. **Nicht die Aufgaben**
und Situationen selbst sind dein Lernprozess,
sondern mit welcher Emotion du sie durchlebst.
Deine Eigenschaften, die du dabei einsetzt und
auch dein Verhalten sind ausschlaggebend für
deine Entwicklungsschritte. *Daher ist es nicht*
wichtig, möglichst schnell alles zu erledigen und
durch zu leben, sondern auf deinen immensen Wis-
sensschatz zurückzugreifen, den du in dir hast. Ohne
dein Gegenüber anzugreifen, zu beleidigen oder zu
kontrollieren. Nur Mitgefühl und Toleranz bringen
dich weiter auf deinem selbstbestimmten Weg.
Nicht die Sache an sich ist deine Aufgabe, sondern
das was du damit erlebst.

In vielen vorhergehenden Inkarnationen hast du
dies bereits bewältigt. Lasse dich daher nicht von
deinen kleinen Schmutzgeistern verführen, zu glau-
ben, dass du dies nicht schaffen kannst. Du bist mein
Kind und ich werde alles daran setzen, deinen Erd-
aufenthalt so mitzugestalten, dass du auch auf dei-
nem gewählten Platz Zuversicht, Freude und Glück
erleben kannst. Nicht dein ganzes Erdenleben be-
steht aus Aufgaben und Entwicklungen. Glückser-
fahrungen und friedvolle Augenblicke lassen dich die

niedere Schwingung selbst erhöhen und du kannst sie auskosten und angenehm durchleben.

Auch Menschen und Tiere in deiner Umgebung animiere ich mit Freude, damit du auch weltliche Beschützer und dich liebende Menschen um dich spürst. Denn alles, was dir in deinem Erdenleben begegnet, hat Aufgaben, Spiegelungen und Freude für dich in ihrem Gepäck. Unsichtbare Energiefäden verbinden euch und eure Gefühle und Stimmungen. Wenn du aber unter einer Reizüberflutung leidest, dann trenne ich für ein paar Sternsekunden diese Fäden, damit du dich erholen kannst. Denn du stehst für mich immer an erster Stelle. Danach verbinde ich sie neu in Liebe, damit du deine Seelenrolle und deinen Seelenauftrag erfüllen kannst. Ich begleite dich und führe dich, wie ein Vater seinem Kind Schutz und Liebe fühlen lässt. Alles was du bist, bin ich auch. Alles was du fühlst, fühle ich auch. Alles was du sein wirst, ist bereits in dir.

Solltest du dies bei deinem Erdenvater vermissen, verzweifle nicht. Seine Seele hat sich eine Lernrolle für dich ausgedacht. Wisse aber, dass nur Seelen, die sich besonders lieben, für solche Rollen zum Lernprozess, zur Verfügung stellen. Er weiß, dass ICH die Vaterrolle immer, in jedem Augenblick, übernehme und für dich da bin. Wirklich in jeder Sekunde deines

Daseins. Meine Liebe zu dir ist so unendlich und un-
fassbar, da sie sich in dir und deinem Umfeld aus-
breitet, gleich den Schwingen eines Vogels.

Wenn du möchtest, kannst du dich jederzeit und
an jedem Ort in meine Arme kuscheln, damit ich dich
berühren und schützen kann. Du wirst es dann füh-
len, vertraue darauf. So wie ich darauf vertraue,
dass du dieses Leben meisterst.

Dein Seelenvater

Brief deines Seelenbruders

Liebe Geschwisterseele,

wie wundervoll, dass ich dich auf diesem Wege errei-che. So oft denke ich an dich und unsere gemein-same Zeit.

Vielleicht geht es dir genauso wie mir. Du fehlst mir so sehr. Deine Anwesenheit war so selbstver-ständlich, dass mir nicht bewusst war, dass du ein Teil von mir bist. Das konzentrierte Gesicht, dein Lä-cheln und dein fröhliches Herumbalgen mit mir er-scheinen mir jetzt unendlich fern. Falls du auch so empfindest, dann erinnere dich an unsere gemein-same Zeit. Wenn Brüder und Schwestern zusammen aufwachsen, sich mal näher und mal ferner stehen, entsteht ein Rhythmus der gegenseitigen Vertraut-heit. Kein anderer Mensch in der Familie spiegelt so gekonnt das eigene Wesen, entstammen wir doch einem Schoß. Unter dieser Voraussetzung ent-springt auch der Wunsch, anders als die Geschwister zu sein. Sich abzuheben und die Einzigartigkeit ans Licht zu holen. Daher auch unsere Rangeleien, unser Kräftemessen und manchmal auch die kleinen oder größeren Sticheleien. Es braucht Zeit, sich seines Stellenwertes in der Familie bewusst zu werden.

Nicht in jeder Situation ist es einfach, daher lernen wir auf diesem Wege das Konkurrenzdenken kennen. Auch Eigenschaften wie Angst, weniger Liebe von den Eltern zu bekommen, Neid, dass der andere oder die andere schöner und klüger ist und Zorn, dass wir so sind wie wir sind, streifen unser Leben. Dies ist ein ungemein wichtiger Prozess, den alle Geschwister durchlaufen dürfen. Letztendlich bringt er uns in die vollkommene Liebesfähigkeit, die dies alles hinter sich lässt. Ein wundervoller Weg, aber nicht immer leicht zu begehen und zu erfahren.

Doch die Verbindung zwischen uns bleibt auch in solchen Situationen immer gleich stark. Wir nehmen sie oft nicht wahr, doch ihr Platz bleibt unangetastet. Erst wenn Probleme auftauchen, von unserem Umfeld Gefahr droht, halten wir wie Pech und Schwefel zusammen. Dies eint uns erneut auf ewig.

Für dich bin ich immer erreichbar. Du darfst dich manchmal an mich anlehnen, wenn du das brauchst. Möchtest du dein Ding alleine durchziehen, dann bleibe ich im Hintergrund, doch immer für dich erreichbar. Solltest du Beistand brauchen, um Mut zu fassen oder unsicher in gewissen Stunden sein, dann vertraue dich mir an. Wir teilen doch schon seit ewigen Zeiten Geheimnisse aller Art. Mit mir kannst du Gewissheit haben, dass alles was du mir mitteilst, weder bewertet, noch preisgegeben wird. Ich bewahre deine kleinen Heimlichtuereien und auch größere Geheimnisse wie einen Schatz, den ich behüte und beschütze. Dies ist halt so unter Geschwistern.

Hast du mal Lust auf ein paar Späße, dann bist du bei mir genau richtig. Immer bereit, dich zum Lachen zu bringen. Bedeutet mir doch deine Stimme, dein Ausdruck in deinen Augen, dein wunderschönes Lächeln, sehr sehr viel. Damit machst du auch mich immer wieder glücklich. Mein Stolz auf das Brudersein durchflutet das Herz und meine Seele. Wir werden immer zusammengehören. Ganz egal was passiert.

Verzeih mir, aber manchmal muss ich auch anderen Seelenmitgliedern davon erzählen, wie gut wir zwei uns verstehen. Auch ohne Blicke oder Worte. Von unsichtbaren Fäden gezogen, reagieren wir des Öfteren völlig gleich. Die Bewunderung für unseren Gleichklang leite ich dann gerne in Form einer besonderen Energie an dich weiter. Nur wenn ich mit dir teilen kann, macht es wirklich Freude. Du bist ein Mensch, den ich nie mehr missen möchte. Danke dass ich dein Seelenbruder sein darf.

Egal, was in deinem Leben passiert, oder auch wie du empfindest, was du in dein Leben lässt oder was du ausschließt, ich habe für alles Verständnis. Wie das Ticken einer Uhr, dass du nach einer Zeit nicht mehr hörst, es aber eben noch immer da ist und tickt, so schwankt deine Wahrnehmung für mich. Lasse dich niemals beirren oder von anderen Menschen, die diese Verbindung nicht wahrnehmen können, verunsichern. Ob du es manchmal glaubst oder nicht, hat nichts mit meiner unsichtbaren Anwesenheit zu tun. Denn deine innere, immer verlässliche Intuition braucht keinen Glauben, sie hat bereits das Wissen. Für die Unendlichkeit deiner lebendigen Seele.

Geschwisterliebe ist gleichzusetzen mit der Liebe, die du dir selbst schenkst. An vielen Tagen schwankst du zwar in deiner Liebesfähigkeit, doch dieses scheinbare Auf- und Ab hat nur mit den äußeren Erlebnissen zu tun. Wenn du abtauchst in deinen Seelengrund gibt es nur mehr dieses immense Glücksgefühl der vollkommenen Existenz. Parallel dazu kann nichts mehr festgehalten oder verändert werden. Dies IST deine wahre Essenz.

Wir lernen nicht voneinander, sondern wir ERINNERN uns an diesen vollkommenen Seelengrund. Dazu bin ich da, um immer wieder rückzugreifen auf die Erinnerung in dir. Das Bewusstsein ist in dir wie ein Pflänzchen gesät worden. Nur du allein trägst diese allumfassende Gewissheit in den Tiefen deiner Seele. Die Magie des Wachsens und des Erblühens. Darauf zu vertrauen, dass alles was geschieht, der Entwicklung deiner Seelenanteile dient. Dass ich dir dabei helfen darf, erfüllt mich mit brüderlichem Stolz.

Du wunderbarer Lichtschein, du vollkommene Schöpfung des Universums. Ich umarme dich und freue mich auf den nächsten Austausch unserer Seelenerfahrungen. Geliebtes Wesen, erfüllt von enormen Wissen und bereichernden Gefühlen, ich vertraue auf dich!

Dein Seelenbruder

Brief deiner Seelenschwester

Liebe seelenverbundene Schwester,

ja ich bin mir bewusst, wie waren nicht immer einer Meinung. Als du in dieses Erdenleben eintauchtest, atmete ich kurz auf, um dich daraufhin sofort endlos zu vermissen. Vielleicht kennst du das von deiner Erdenschwester, oder deinem Erdenbruder. Du warst schon in unserer Seelenfamilie sehr bewusst und ich denke, dies bist du auch jetzt. Sensibel und doch sehr selbstbewusst gehst du durch deine Zeit. Manchmal sogar emphatisch veranlagt, obwohl es dir nicht immer bewusst ist. Da kann es schon mal vorkommen, dass du plötzliche Schmerzen empfindest, die du nicht zuordnen kannst. Oder deine Laune auf einen Tiefpunkt sinkt, obwohl doch alles bestens ist. Auch wenn man es nicht auf den ersten Blick sieht, du bist ein ganz besonderer Mensch. Eben mein Seelenschatz, auf den ich ganz besonders gut aufpasse.

Du hast richtig gelesen, meine Präsenz ist zwar nicht immer für dich spürbar, doch unablässig wandle ich neben dir. Wie Geschwister dies eben tun. Um zu ermuntern, zum albern, zu deiner Sicherheit und auch um dich vor kleineren Übeln zu beschützen und sie sogar zu verhindern. Auffallen tut dir dies dann, wenn du aus einem dir nicht bekannten Grund plötzlich deine Meinung änderst. Dann bist du nicht wankelmütig, wie du dann annimmst, sondern ich verhinderte etwas, was dir wehtun könnte. Dir Schmerzen im Herzen und am Körper zufügen könnte. Mein Bestreben ist es in vollkommener Harmonie mit deinem Energiekörper zu sein. So wie in deiner Seelenheimat. Da haben wir auch oft die Köpfe zusammengesteckt, gekichert und uns vorbehaltlos verstanden.

Wenn du mal einen Tag hast, an dem deine Sensibilität einen Höhepunkt feiert, dann denke einfach an mich. Vertraue deinen wahren Gefühlen und atme tief durch. Mit meiner Hilfe werden dann deine Energiebahnen gereinigt und durchströmen dich mit einem warmen Annehmen. Gleich einer inneren Sonne in deinem Zentrum funkelst du wie ein Juwel und strahlst es aus jeder deiner Zellen. Wie wunderbar du aussiehst und ich beobachte dann, dass du jeden Menschen in deiner Umgebung anziehst. Deine Individualität kommt in solchen Momenten zum Vorschein und macht dich sehr anziehend für alle Menschen und Tiere, die in der gleichen Resonanz mit dir mitschwingen.

Zerstöre solche Momente nicht mit deinem Ehrgeiz und deinem Machtstreben. Auch Gleichgültigkeit und Rücksichtslosigkeit passen nicht zu deinem Lichtgewand. Tauche wieder ein in dein aktives, erfolgreiches Leben, das jedes Lebewesen deiner Erde so annimmt, wie es gerade ist. Deine gute Balance in diesen Dingen ist dein großes unbewusstes Talent. Sie ermöglicht dir den Herausforderungen deines Lebens immer wieder neu zu begegnen und den Anforderungen aller gerecht zu werden. Da ist kein Konkurrenzdenken notwendig, denn er Erfolg steht alleine dir zu, ohne andere herabzusetzen oder zu verdrängen.

Du bist der lebendige Beweis der Vollkommenheit unserer Seelenfamilie. Und dies erfüllt mich mit den besonderen Formen unserer Energie, die ich gerne dann an dich weitergebe. Diese verhilft dir bei deinem Weg in diesem Leben mit der nötigen Zuversicht und Kraft. Alles was du denkst und was du fühlst, darf in diesem Moment an der Oberfläche deines Seins seinen Anspruch darauf erheben. Egal wie du deine Entscheidungen triffst, der Ursprung all dieser Ereignisse ist bereits vollkommen in dir. DENN DU BIST DIE SEELE. Dein Menschendasein integriert lediglich die Erfahrungen, die deine Seele durchleben möchte, um zu verstehen und zu lernen mit allem umzugehen.

Um es besser zu entschlüsseln, wiederhole ich noch einmal diese Aussagen. Denn viele Menschen unterliegen dem Irrglauben, die Seele sei ein Teil der Persönlichkeit, deines Energiekörpers und deiner emotionalen Intelligenz. Alles, was deine Seele ausmacht, ist bereits vollständig vorhanden. Du bist nicht Teil deiner Seele, sondern ein Teil einer Seelengemeinschaft wie z.B. deiner Seelenfamilie. Davon sind wir zwei ein Glied dieser Seelen-Familienverbundenheit. Und diese Gemeinschaft ist dein Zuhause, bis du wieder ganz in die große allmächtige und weise Universalseele nach deinen Inkarnationen zurückkehrst. Dein Verstand zweifelt vielleicht an meinen Worten, doch tief in dir drinnen, fühlst du die einzige Wahrheit. Verlasse dich voll und ganz dieser inneren Reife und Weisheit. Ich helfe dir dabei mit all meiner zur Verfügung stehenden Energie, weil ich dich mit jeder Seelenzelle lichtvoll ummantle. Rufe mich und ich bin bei dir. Vertraue mir und wirst von unserer Verbundenheit profitieren. Meine Initiative wird im rechten Augenblick hilfreich sein, wenn du es zulässt. Auch ich unterliege deinem freien Willen. Erlaubst du mir zu helfen, stehe ich Tag und Nacht zur

Verfügung. Ohne Einschränkungen. Alles aus Liebe zu dir und unserer Seelenverbundenheit.

Jetzt muss ich dir noch ein großes Lob ausspre-chen. Oft schon habe ich beobachtet, wie wunderbar du aussiehst, wie gut du duftest und mit welchem Geschick du dein Leben handhabst. Wie ein Stehauf-männchen machst du dich immer wieder auf, um dem Leben zu begegnen. Dein enormes Durchhalte-vermögen und die Kunst, manche Dinge nicht aus-zusprechen, bringen dir meinen großen Respekt ein. Spontan und lebendig trittst du für alles ein, was für dich eine große Wertigkeit hat. Dies traut sich nicht jeder, nur ganz besondere Menschen schaffen das. Ich liebe jede Facette an dir. Gleich einem Darsteller rockst du die Bühne des Lebens. Ein toller Auftakt, wenn du die Bretter der Welt betrittst.

Auch wenn du oft annimmst, dass dich doch kei-ner wahrnimmt und deine Aktivitäten bemerkt, lässt du dich niemals beirren. Dein inneres Feuer brennt für alle Vorhaben, die der Welt und deren Bewohner dienlich sind. So kenne ich dich und für all dies liebe ich doch aus meiner vollen Seele. Wie wunderbar, dass ich mit dir verbunden sein darf. Niemals wieder wirst du ein Einsamkeitsgefühl durchleben müssen. Fühle dich in jeder Sekunde getragen von einem un-ermesslichen Energiefeld unserer Seelengemeinde.

Alles was momentan wichtig war, hast du jetzt durch mich vernommen. Ich begleite dich bereits seit unendlich langer Zeit nach eurer Zeitrechnung und doch bin ich in nur einem Augenblick eines Wimpernschlages bei dir. Denn er enthält deine Vergangenheit, deine Gegenwart und deine Zukunft. In der Schwingungsebene der Urseele geschieht alles im Jetzt. Denn nur dort findest du das was geschehen darf. Übe dich daher in der Aufmerksamkeit des Momentes und du erfährst das, was du als Mensch nicht benennen kannst. Kein Glück der Erde ist vergleichbar mit dem Lichtschein der allumfassenden Liebe. Gleich einem Sternenkranz umhüllt er Sichtbares und Unsichtbares.

Ich bin voller Freude über dein Dasein und reiche dir meine Hand – du liebe Seele.

Deine Sternenschwester

Brief deiner Seelengroßmutter

Herzlich willkommen in deinem Leben!

Auch wenn ich nicht körperlich anwesend bin, so bin ich im Herzen und mit meiner Energie schon seit Beginn deines Lebens, noch im schützenden Bauch deiner Erdenmutter, eine Begleiterin. Sehnsüchtig warteten viele spätere Lebensbegleiter auf deine Ankunft in diesem, von dir ausgewählten, Leben. Für die einen warst du die langersehnte sichtbar gewordene Liebe, andere konnten vielleicht noch nicht besonders gut mit deiner Geburt umgehen. Doch für die meisten Menschen in deinem Umfeld bist du etwas ganz Besonderes. So wie auch für mich. Einzigartig und wunderschön im Aussehen, Augen wie Sterne, in denen man sich verliert, ein wunderbarer weicher Körper, der doch fast allem standhält. Deine Tugenden und Talente schlummerten anfangs in dir, doch mit den Jahren hast du das eine oder andere von ihnen sichtbar werden lassen. Manches ruht immer noch im Schlafmodus, doch unermüdlich arbeitest du an deiner Weiterentwicklung. Nein, du musst nicht mehr klüger, schöner und reicher werden. Du bist bereits perfekt, einiges darf aber doch noch das

Licht der Welt erblicken von deinen vergrabenen Schätzen.

Finde deinen Platz in deiner Welt und die Welt wird dann dich finden. Bringe Farbe in dein Leben und deine Umgebung wird in den schönsten Farben leuchten. Wage dich entschlossen im Beruf und in der Ausbildung, bei deinen Partnerschaften und im Freundeskreis zu behaupten, dann gewinnst du tagtäglich Selbstvertrauen dazu. Habe Verständnis für die Nöte anderer und du wirst Hilfe in Notzeiten erfahren. Probiere alles aus, mache Erfahrungen und sortiere dann für dich, was dableiben soll und wo es richtiger ist wieder loszulassen. Belasse Neugier in deinem Wesen, denn sie ist der Schlüssel zur Selbsterfahrung und Erkenntnis über dein wahres Sein. Staune über die Wunder des Lebens, der Natur und der Wissenschaft. So lässt du dein inneres Kind immer am Leben und versorgst es mit der nötigen Achtsamkeit. Schlussendlich bist du für dich die wichtigste Person in deinem Erdenleben.

Achte immer auf deine Reaktionen in gewissen Situationen und beim Ausleben deiner Eigenschaften. Was dein Leben ausmacht und in deine Seele zurückfließt sind nicht die kleinen oder großen Lebenstragödien, dein Helfen oder dein Streit, sondern

WIE du mit diesen Dingen umgehst. *Deine Charakterzüge werden im Umgang gespiegelt und bestimmen auch für die Zukunft dein Wesen.*

Kannst du dich noch erinnern, wenn du zu mir gelaufen kamst mit einer Schramme am Knie oder einem Herzschmerz? Ich habe dich auf meinen Schoß gehoben, dich mit meiner Energie ummantelt und durch sanftes Wiegen und Summen getröstet. Auch wenn du mich nicht mehr sehen kannst, komme und suche Zuflucht bei mir. Du findest mich in der Umarmung eines lieben Menschen genauso wie beim Streicheln eines Tieres, dem Berühren eines alten Baumes, sowie im Flüstern des Windes. Spürst du es?

Lache wieder mit mir, wenn wir im Regen stehen, freue dich wenn die Schneeflocken tanzen. Laufe mit mir hinter den Schmetterlingen auf der Blumenwiese, erlebe die Natur mit allen Sinnen. Sie alle bestätigen jeden Tag aufs Neue die Besonderheit deiner Existenz, die Liebe deiner Seelenfamilie zu dir. Mit unendlicher Geduld lehrte ich dich die wesentlichen Dinge des Lebens. Wir schlüpften in verschiedene Rollen und spielten, als ob wir echte Schauspieler wären. Unsere Körper badeten wir in den kühlen Wellen des Wassers und so mancher laute Lacher übertönte das Plätschern.

Mit stoischer Gelassenheit las ich dir zum gefühlten hundertsten Mal dein Lieblingsbuch vor. Das du inzwischen schon Lesen konntest, tat dem keinen Abbruch. Meiner Stimme zu lauschen, verbandst du immer mit Heimat und Geborgenheit. Auch dein Lieblingsessen konnte dich immer wieder entzücken und in Begeisterung versetzen. Dir zuzusehen, wie du mit Genuss alles verspeist hast, war eine wahre Wonne.

Liebes Enkelkind, ich finde in jedem deiner Aktivitäten das Schöne darin, bin begeistert, wie du dein Leben meisterst. Auch wenn vieles heute anders gemacht wird, so sehe ich immer noch das von mir erlernte Fundament darin. In deiner Zuversicht, alles schaffen zu können, was du dir vorgenommen hast. Bei deiner Konzentration, das wichtige zuerst zu erledigen, in deinem breit gefächerten Wissen, dass du gekonnt anwenden und abrufen kannst.

Du bist für mich die göttliche Vollkommenheit und das lichtvollste Wesen. Mit Liebe und Leidenschaft verfolge ich alles, was mit dir passiert. Meine Beziehung zu dir war immer von Hingabe, Aufmerksamkeit, einem warmen Gefühl des liebevollen Umganges und einem fast kindlichen Erstaunen geprägt. Voll Bewunderung war ich auch immer über dein grenzenloses Vertrauen in mich. Sogar in Zeiten, wo es turbulent herging, schliefst du in meinen Armen den Schlaf der Unschuldigen. Sorglos und voller Glück, bei mir sein zu können. Auch ohne Worte, nur mit Blicken verständigten wir uns auf eine Weise, die andere Seelen fast neidvoll werden ließ. Und jetzt praktizieren wir das Gleiche auf einer neuen Schwingungsebene über Welten hinaus. Oft verschlingen sich unsere Energien und tanzen im Licht der Sterne. Wenn sie sich wieder trennen, dann bleiben aber die Energiefäden der Herzverbindung trotzdem noch bestehen. Die Verbundenheit bleibt, jedoch die Eigenständigkeit unserer Energiekörper wird dabei nie in Frage gestellt. Das können nur wenige von unserer Art. Meistens vermischen sich die Energien so, dass sie nicht mehr leicht entwirrt werden können. Dies führt dann oft zu Unverständnis für den anderen, sowie zu einem Gefühl, nicht mehr alleine in der Welt bestehen zu können. Oder sich in verschiedenen Situationen fremdgesteuert zu fühlen. Siamesische Zwillinge haben genau diese Ausgangssituation für ihre Inkarnation gewählt. Die Gefühle von glücklich bis furchtbar, vertraut und doch die Andersartigkeit zu spüren, muss diese Menschen in einen argen Zwiespalt führen. Bewundernswert, wie sie ihr Leben meistern.

*Besondere Zeiten hinterlassen immer Spuren, auch wenn sie für andere nicht mehr wahrnehmbar sind. Jede Sekunde mit dir erschufen neue Felder der Energie, die mit meiner Liebe zu dir angefüllt wurden. In Zeiten, wo du dich alleine und verlassen fühlst, in denen du Beistand brauchst oder eine tröstende Hand, kannst du auf diese Felder zurückgreifen, denn sie sind ausschließlich für DICH bestimmt. **Damit du dir dies leichter vorstellen kannst, habe ich sie als Pakete getarnt. Mit deinem Lieblingspapier verpackt und einem Band mit einer großen Masche, in deiner bevorzugten Farbe, die du so magst, gewickelt. Brauchst du sie, dann packe eines davon aus und du wirst sofort den bereichernden, tröstenden Energiefluss verspüren. Dies ist ein wirkliches Geschenk von mir, von meiner Seelenwelt in deine Realität getragen.***

Auch wenn heutzutage so vieles anders läuft, bereue ich keine Zeit der Welt, die ich mit dir verbringen konnte. Meine Gedanken sind immer bei dir.

Wunscherfüllung und Aufmerksamkeit können durch verschiedene Personen und Dingen deine Ziele unterstützen. Doch das, was die Seelenfamilie für dich tun kann, findest du nicht auf dieser Erde. Dies lässt dich oft verzweifeln und traurig sein. Das muss aber nicht so sein. Nur du kannst diese zwei Welten verbinden und die Auswirkung und Bereicherung in dein jetziges Leben bringen. Ob Arbeit, Sport, Beziehung oder auch Familie, alles geht leicht von der Hand, wenn du es mit Frohsinn, ein wenig Humor und Geistesgegenwart verbindest. Fokussiere dich auf das Stimmige in deinem Alltag und du wirst es vermehren können. Lasse dich niemals beirren auf deinem wundervollen Weg.

Schon die Absicht dazu reicht aus, um dich mit mir zu verbinden. Ein Gedanke und wir sind uns nahe. Unglaublich, wie einfach dies ist. Du musst nur im entscheidenden Moment dran denken. Ein Gefühl entsteht in dir, dass mit nichts zu vergleichen ist. Du wirst es sehen und fühlen.

Lebe immer nach deinen inneren Werten. Sie sind unverfälscht und wahr. Besinne dich auch wieder der alten Heilweisen, wie ich sie dir gelehrt habe. Die Natur hat wundersamer weise gegen jedes Leiden ein Heilmittel parat. Auch andere alte Heilweisen lassen dich zunehmend unabhängiger von Machenschaften werden und bleiben. Nicht alles, was euch in dieser Welt aufgedrängt wird, dient zum Erkennen und Heilen. Kontrolle und Zwangsbeglückung gehören nun mal nicht zu den Seelenwissenschaften. Sie dienen allein dem Ego der Menschen, die die Macht an sich reißen möchten. Einmal in deren Fahrwasser, kommt man schwer wieder los. Wie eine moderne Versklavung erscheint sie uns. Und dafür ist deine Seele viel zu schade. Es würde mehrere Inkarnationen brauchen, um den Ausgleich zu schaffen. Überlege gut, wem du dich anvertraust. Mit deinem Bauchhirn hast du ein Werkzeug, um unterscheiden zu können.

Deine strahlenden Augen erkennen alles, was für dich nicht förderlich ist. Verliere dich aber nicht in Belanglosigkeiten deiner Konsumwelt. Du spürst instinktiv, was deine Seele wirklich braucht. Die meisten Verkaufsartikel bringen nur kurzweilig Befriedigung. Jedoch im Einklang mit der Natur und dem natürlichen Erschaffen dieser Dinge gewinnen sie an Qualität und Lebensdauer.

Wertvolle Menschen mit Rückgrat gibt es leider nicht sehr viele. Doch du gehörst zu dieser Gruppe, die das Gesamtwohl eures Planeten immer im Auge hat. Die Bestimmung sieht vor, dass aus dieser Auswahl die neuen Führer dieser Erde entstehen und sich bewähren werden. Von ihnen kannst du dich führen und leiten lassen, denn sie unterstehen direkt den Seelenverbänden und deren Unterstützung.

Glaube an dich, meine wunderbare Seele. Keine Verkörperung in dieser Zeit ist dir ähnlich. Du repräsentierst eine wundervolle Seelenfamilie, die dir immer den Rücken stärkt. Auch wenn du manchmal empathische Empfindungen hast, bist du niemals verletzlich. Deine Schutzhülle umschließt die Aura und lässt dir aber jeden Spielraum der Ausdehnung, die du benötigst. Fühle, wie du dich verändern und wachsen kannst. Dies ist ein Sternengeschenk an dich.

Verwirrungen und Verstrickungen können dir nichts anhaben. Sie verleiten dich höchstens auf einen kleinen Umweg. Deine Seelenführung beinhaltet eine Art von Navigation auf deinem Erfolgsweg. Fast unbemerkt lenkt sie dich auf die für dich vorhergesehenen Wege. Einfach und präzise. Gib niemals auf, auch wenn du nicht sofort dein Ziel erreichst. Oft sind die Zwischenergebnisse wichtiger als das große, ferne Erreichen der Endziele. Erlebnisse und Abenteuer auf deiner Reise können dich reifen lassen und weise machen. Damit du dann alles verstehst, was du wissen musst.

Gefühlvoll leitest du auch andere Menschen an, sich ihr Leben von einer anderen Seite zu betrachten. Dies erhöht die Weitsichtigkeit deiner Seele und ver-

bindet und stärkt deine Freundschaften. Wie geduldig du doch oft bist, wenn du jemanden liebst. Voller Eifer machst du dich daran, deren Welt zu verschönern und zu erleichtern. Deine Hilfsbereitschaft lässt mein Herz schneller schlagen, habe ich sie dir doch so oft vorgelebt. Voller Stolz sehe ich an dir, dass meine Arbeit Früchte trägt.

Denke aber öfters an dich selber. Nur wenn du gesund und voller Tatendrang bist, kannst du der Menschheit dienen und deine Seelenerfüllung finden. Alles andere verzögert ansonsten deinen Werdegang. Pausen dienen auch dazu, Körper und Seele ein wenig baumeln zu lassen. Maßvolle sportliche Betätigung verhilft dir zu mehr Erdenzeit, um alles was du dir vorgenommen hast, erledigen zu können. Ja du hast richtig gelesen. Den Plan für diese Inkarnation hast du mit dem Rat der Sternschreiber selbst kreiert und jetzt gerade bist du dabei ihn zu verwirklichen. Deine kreative Ader hat dir dabei geholfen, dein Organisationstalent brachte alles in die richtige Reihenfolge und mit Absegnung des Sternenrates begannst du dein Abenteuer Leben. Ausgesucht hast du dir nicht nur deine Eltern, Geschwister und Freunde und alle die dir begegnen, sondern auch dein Aussehen, deine Statur deines Körpers, deine Talente und deine besonderen Eigenschaften. Ich sehe an deinem staunenden Blick, dass dir das nicht mehr bewusst war. Beeinflusst hat dich bei deiner Entscheidung dein Wissen aus den vergangenen Leben. Dein Körperbau hat dir schon einmal geholfen und dir das Leben gerettet, die Geschlechterauswahl war wichtig für deine Lernprozesse. Hadere deshalb niemals damit. Alles hat seine Berechtigung, es ist wie es ist. Genieße dein Leben, erfreue dich an der Sonne, dem Mond und den Sternen. Sie versorgen dich regelmäßig mit Energie und reinigen dein System. Lasse dich von der Natur mittragen in den uralten Klang der Schwingungen. Erlebe dein Leben wie du es dir vorgestellt hast, damit wir uns eines Tages wieder so nahe sind wie früher.

Deine dich immer umsorgende

Seelengroßmutter

Brief deines Seelengroßvaters

Hallo mein großer Schatz,

so habe ich dich immer gerne genannt wenn du deine Wirbelsäule durchgestreckt und die Brust stolz hervorgestreckt hast. Um gefühlte zwei Zentimeter bist du dann gewachsen.

Anfangs liefst du mir hinterher wie ein kleines Hündchen und ich musste mich über dein Zutrauen sehr wundern. Doch in späterer Zeit fehltest du mir, weil du in der Schule warst oder mit Freunden unterwegs deine Späßchen triebst. Deine Neugier, dein Verlangen gewisse Vorgänge zu erlernen und deine unaufhörliche Präsenz wurde mir zu einem Vertrauten, den ich nicht mehr missen möchte.

Ich ertappe mich dabei, mehrmals am Tag mit dir zu reden, obwohl du dich ja momentan nicht in der Seelenwelt aufhältst. Daher hoffe ich, dass du einen Ersatz für mich in deinem Erden-Großvater gefunden hast. Der dich, wie ich, überall mithinnimmt und dir mit unendlicher Energie und Ruhe Erklärungen liefert. Dir neue Dinge vertraut macht und durch ein tiefes Brummen deine Zustimmung gibt. Wie wundervoll doch diese Zeit mit dir war.

Ich sehne mich so sehr danach, deine Frische zu riechen oder deine schmutzigen Füße und Hände waschen zu dürfen. Solche vertraute Vorgänge sind wie Seelenmedizin in einer schnelllebigen Welt, wo der Druck und die Angst zunehmen und die Menschen verunsichern. Sich dann nicht mehr sich selbst annehmen, sondern die Mehrheit nachahmen wollen, um nicht aus der Menge heraus aufzufallen. Doch genau diese Andersartigkeit bezeichnet deine Persönlichkeit. Lasse sie dir nie nehmen! Bleibe authentisch und konzentriere dich immer auf die Gegenwart. Verschiebe keine Vorhaben, genieße sie, wenn dir danach ist.

Nur eine große Bitte habe ich noch an dich: Verletze niemanden, weder physisch, noch psychisch. Jede Tat fällt auf dich zurück und bringt dein Seelenheil aus dem Gleichgewicht. Immer wieder müsstest du ähnliche Situationen wieder durchleben müssen, um den Ausgleich zu schaffen.

Sei aber mutig, stelle dich dem Leben und seinen Sonnen- und Schattenseiten. Jeder der dich beobachtet, wird selber ermutigt, die Verantwortung für sein Leben zu übernehmen. Und dies ist der einzige wahre Schlüssel zu deinem persönlichen Paradies. Lebe dein Leben in der Vollkommenheit deiner Hoffnungen und Träume und habe keine Angst mehr vor dem, was auf dich zukommt. Positive Ergebnisse sind wie Seelenschmeichler. Sie hüllen dich in das samtig weiche Gewand der Sternenfunken ein. Dieses Gefühl ist unbeschreibbar gut und mit nichts auf deiner Erde zu vergleichen.

Die Meinung anderer kannst du sowieso nicht ändern, also beachte sie nicht. Freunde findet man auch, wenn man nicht gleich tickt und denkt. Obwohl sie dich auf Fehler aufmerksam machen, sind sie tolerant zu dir. Daran erkennst du, was und wer dir Gutes tut. Prinzipiell rate ich dir Alles und Jeden zu hinterfragen, aber gehe klug und vorsichtig vor. Erst wenn deine Meinung geprüft und gefestigt ist, kannst und sollst du sie nach außen tragen. Kein Titel soll dich abschrecken, keine Macht dazu bringen, vorzeitig aufzugeben oder dich von deinem Ziel abschrecken zu lassen. Du bist der Schöpfer deines Lebens. Nur dein Seelenplan kennt die wahre Schöpfungsgeschichte und den zukünftigen Verlauf. Jeder der großen Machthaber auf dieser Erde sieht nur einen kleinen Teil davon während seiner Schaffensperiode oder Lebensdauer und trägt daher nur einen kleinen, winzigen Puzzleteil dazu bei. Es kommt darauf an, aus welcher Perspektive man es sieht. Stehst du unten, siehst du nur die Ebene, stehst du auf einem hohen Berg, übersiehst du ein Teil des

Landes. Doch nur der aus dem Weltall kommt, sieht alles. Zum besseren Verständnis musste ich es dir nochmal in Erinnerung rufen.

Schon im Kleinen kannst du etwas bewegen. Lasse dein Herz öfter mal sprechen und lebe dein Mitgefühl für die Geschöpfe des Universums aus. Wie oft glaubst du, dass du Hilfe geben kannst? Ja, ich glaube du bist dir schon sicher, dass du nichts verlierst, sondern immer gewinnst, wenn du dich den Schutzbedürftigen widmest, die Allgemeinheit mit deiner Sozialleistung unterstützt und ein Vorbild für alle bist, die dich kennen. Besonders die Kinder sehen in dir das Besondere. Sie verfügen noch über die Fähigkeit, zu erspüren und zu sehen, was nicht an der Oberfläche ist. Daher reagieren sie oft so, dass die Erwachsenen nicht verstehen können oder rätseln, wieso das Kind sich nicht wohlfühlt. Manche von ihnen verfügen auch noch über Fähigkeiten, wie hellsehen, hellriechen oder hellfühlen. Für sie sieht die Welt ganz anders aus und weil sie merken, dass die Erwachsenen dies nicht wahrnehmen, verbergen und unterdrücken sie diese besonderen Talente.

Dir habe ich immer gelehrt, dass es in Ordnung ist, so wie du bist, was du siehst oder wahrnimmst. Jeder Mensch ist speziell und anders als die Anderen. Daher darf es so sein, ohne Bewertungen. Wenn dich etwas besonders interessiert, suche in Büchern. Viele Menschen schreiben inzwischen ihre Erlebnisse nieder und du findest dich in so manchen Beschreibungen wieder. Diese Schriften sind oft voller Weisheit und Inspiration. Sie helfen dir, dich zu bilden und eine eigene Meinung zu finden. Vertraue darauf, dass die richtigen Bücher im richtigen Moment auf dich zukommen. Durch Tipps von Freunden und Bekannten, durch „zufälliges" Vorbeigehen oder durch deine innere Resonanz, die dich suchen lässt.

Probiere die Übungen oder Tipps aus und erlebe damit Positives. Sollten sie für dich nicht passen, lasse sie einfach in dir ruhen, vielleicht helfen sie dir zu einem späteren Zeitpunkt. Wie ich schon immer zu dir sagte, alles hat seine Zeit.

Bewege dich und erfreue dich an der Natur, die rund um dich wahre Wunder vollbringt. Schon das kleinste Samenkorn hat das Wissen in sich, was es braucht um wachsen und gedeihen zu können. Keine Raupe hat eine Vorstellung, zu was es fähig ist, und trotzdem entfalten sich nach einiger Zeit zwei Flügel und erheben sich in die Lüfte. Diese Beobachtungen haben dich schon immer interessiert. Vielleicht hast du sie nur aus den Augen verloren, weil so viel Unwichtiges in deinem Alltag sie zugedeckt hat. Lasse

sie wieder aufleben auf deinen Spaziergängen, er-
freue dich an der Energie, die dir deine Umwelt ein-
fach so ohne Gegenleistung anbietet. Vertraue da-
rauf, dass es richtig ist und für dich bestimmt ist.

Wenn du das Gefühl hat, eine Berührung an dei-
ner Hand zu spüren, dann geleite ich dich auf deinen
Wegen und wir erleben wieder gemeinsam das Wun-
der der Schöpfung. Jeder Augenblick ist unendlich
kostbar und vergänglich. Doch der nächste wartet
schon, dich beglücken zu können.

Sei daher dankbar und gib dein Wissen weiter an
deine Kinder, deine Freunde oder an jene, die gerne
deinen Worten lauschen, wie du es bei mir getan
hast. Alles wiederholt sich und doch ist es anders,
einfach neu.

Daher erweitere deinen Horizont, erkenne, was
du bereits hast und lege vertrauensvoll dein Schick-
sal in die Hände deiner Seelenfamilie. Wir freuen
uns, für dich sorgen zu können und unterstützen dei-
nen Werdegang.

Ich wünsche dir ein freies Leben, dass du bewusst
lebst und an dich glaubst. Der Horizont, der dich
umgibt ist unendlich, nur die Einschränkungen dei-

nes Verstandes sehen Begrenzungen. Lasse sie entschwinden und du wirst erahnen können, was deine Seele schon längst begriffen hat.

Deine Energieform kann nicht verschwinden, weniger werden oder gar vergänglich sein. Energie verändert die Form, doch die Ursubstanz bleibt immer erhalten, ist also unsterblich. Nur dein Körper ist wie ein Fahrzeug. Man nimmt es in Besitz, erfreut sich an der gemeinsamen Zeit, repariert es, verschönert es und genießt das Erleben. Doch irgendwann ist es müde und veraltet. Nach einer kleinen Zeitpause wünscht man sich ein neues Fahrzeug und beginnt eine neue Zweckgemeinschaft. Doch der Besitzer bleibt immer gleich. Hast du es jetzt verstanden? Ich zweifle nicht daran, denn ich kenne dich so gut. Deine Intelligenz, deine Erfahrung und dein Interesse sind die Sonderausstattung für dein nächstes Fahrzeug. Da bin ich aber gespannt, für was du dich entscheidest.

Manchmal fahre ich ein kurzes Stück wieder mit. Damit du nie das Gefühl hast, verlassen oder einsam zu sein.

Wenn du Rat und Hilfe brauchst, wende dich an mich. Schon immer war es so, dass die Älteren ein wenig Weisheit an die Jungen abgeben. Und wir zwei machen dies genauso. Denn wir sind ein unschlagbares Team, das durch nichts getrennt werden kann. An manchen Tagen zieht es dich zwar zum unbekümmerten Feiern hin, doch das ist für mich und deine Seelenfamilie in Ordnung. Feiern und Spaß haben, lassen die Seele aufleben und wieder feinfühliger werden für die spätere Zeit. Auch ich habe früher oft mit dir gefeiert, wenn wir ein gemeinsames Ziel erreicht hatten. Kannst du dich noch erinnern? Wie schön war es, gemeinsam einen Ausflug zu machen, zu schwimmen, uns gegenseitig anzuspritzen und die Gedanken davonfliegen zu lassen. Ein Platz am Lagerfeuer, am Bach entlang zu wandern und Blödsinn zu machen. Da konntest du richtig laut aus dem Bauch heraus lachen. Dies befreit dich von Sorgen und Ängsten. Probiere es ruhig wieder aus.

Auch das Trommeln auf alten Schüsseln, auf verschiedene Holzstücke und allerlei Krimskrams war eine von deinen Vorlieben. Ebenso wie Wasser mit Sand zu vermischen und Kunstwerke aus dem Schmutz entstehen zu lassen. Hier lag auch deine Kreativität noch in den Kinderschuhen, doch das Verständnis dafür hat eine gute Anlage gefunden.

Heute beobachte ich dich, beim Betrachten von Bauwerken und Kunstgegenständen, die andere Menschen gemacht haben. Deine Resonanz in dir zieht Farben an, die du liebst, wo du dich wohlfühlst, wenn sie dich umgeben. Zu Formen, die dir oft ähnlich sind, zu Anordnungen, die deiner inneren Ordnung entsprechen. Sie fördern damit unbewusst deine Talente, die auch du bald der Öffentlichkeit präsentieren wirst.

Als einer deiner Bewunderer, hast du mein Versprechen, dass ich dann dabei bin. Du wirst es spüren und fühlst es in jeder Zelle deines Körpers.

Dein Seelengroßvater

Brief deines Seelenzwillings

Liebes zweites Ich,

ja wer bin ich jetzt wirklich? Könntest du mal kurz deine Augen schließen und dir vorstellen, dass du dich selbst, wie in einem Spiegel, siehst? Atme dann einfach in dein Bauchgehirn hinein und lasse es auf dich wirken.

Mich gibt es wirklich. Doch für deine jetzige, gewählte Welt einfach unsichtbar. Ich bin die perfekte Kopie von dir, nur eben völlig gesund, alterslos, ausgeglichen und in Harmonie. Meine Chakren sind ausbalanciert und laufen rund, nicht zu langsam und nicht zu schnell. Die Farben meiner Aura sind stimmig und jede Farbe hat ihren Platz, an dem sie wirken kann. Jede Zelle meines Körpers gibt an die nächste, gerade entstehende Zelle, die einzig richtige Information, damit meine Gesundheit reibungslos erhalten bleibt. Alle Organe funktionieren im Gleichklang und gewährleisten den reibungslosen Ablauf, den mein Körper und mein Geist brauchen. Fragst du dich jetzt immer noch, wer ich bin? Hier hast du die Antwort.

Dein perfekter Seelenspiegel, wie du in Zukunft wieder sein möchtest. Also bin ich das Bild, der Erfolg, das du auf der Zielgeraden dann sehen wirst. Ich hole dich nach dem Erfüllen dieser Inkarnation ab und nehme dich in meine Arme. Führe dich und sorge für deine Erholung von diesem anstrengenden Leben. Man nennt mich auch Teil der Urseele oder Blaupause. In Wirklichkeit sind wir eins, waren es immer und werden es immer sein. Auf ewig.

Hast du oft Angst, den Anforderungen des Lebens und der Herausforderung des Alltages nicht gerecht zu werden?

Fürchte dich nicht, denn dein Dasein beinhaltet Erfahrungen machen zu dürfen. Auch deinem Forschungsdrang und deiner Neugierde auf Neues sollst du keinen Riegel vorschieben. Passieren Fehler, sehe sie einfach als Lernprozess, der auch mal spannend und unterhaltsam sein kann. Nicht immer hat jeder Fehler negative Folgen. So manche Erfindung erschufen die Menschen aus einer fehlgeleiteten Handlung, einem missglückten Experiment. Fühlst du dich manchmal schwach und elend nach einem Aufdecken deines Fehlers?

Gehe trotzdem unbeirrbar deinen eingeschlagenen Weg, die richtige Entscheidung bei der nächsten

„Kreuzung" ergibt sich dann von ganz alleine. Lasse die Langsamkeit eine Zeit lang dein Weggefährte sein. Nicht immer kann der Wille alleine alles kompensieren. In vielen Lebenssituationen brauchst du ein gutes Bauchgefühl und vor allem Herzenswärme. Verleugne niemals dein Leben.

Traue dir zu, alles bewältigen zu können, dann wird es auch so sein. Gib deine Zügel nicht aus der Hand, bestimme deinen Lebensplan selbst und übernimm für alles was dir passiert, im Guten wie im Schlechten, die Selbstverantwortung für dein Tun.

So entgehst du der ganzheitlichen Übung oder den Wiederholungen von deinen Erfahrungen, die nicht immer ganz angenehm sind. Die dich vor allem aufhalten in deiner Seelenentwicklung. Deine Seele möchte lernen, aber an gleichen Aufgaben ist sie eigentlich nicht interessiert.

Jammere nicht über die ach so bösen Menschen und die schlechte Welt. Stelle dich nicht auf die Stufe der Unwissenden oder Bösewichte, oder jene, die auffallen wollen um jeden Preis. Auch von deinen Mitmenschen, deiner Erdenfamilie und den Freunden bekommst du sicher Hilfe und guttuende Zusprüche, wenn du dich ihnen öffnest. Jeder von ihnen liebt dich auf seine eigene Art und Weise, die nicht vergleichbar ist. Lasse dich berühren von ihrer Energie und lerne wieder Vertrauen zu haben.

Genau diese Menschen sind oft sehr selbstlos in ihrer Liebe zu dir und verstehen dann nicht, wieso du ihnen Unterstellungen für ihr Tun machst. Darum darfst du dich als erstes in der Selbstliebe üben. Nur wenn du dich annehmen kannst, so wie du gerade bist, dann öffnest du das Tor der Annahme für andere Menschen. Sei emotional, lass deine Energie sprühen, doch dränge sie niemanden auf. Wenn du etwas abgibst, weitergibst, dann schaffst du automatisch Platz um auch wieder aufzunehmen. Bleibe gelassen dabei, dann hältst du beides immer in der Waage.

Bist du gerade ein wenig nachdenklich und grenzt du dich von anderen ab, dann genieße deine Stille und den Abstand von der ständig pulsierenden Umwelt. Doch anschließend öffne dich wieder diesem Strom der Gemeinsamkeit. Lasse dich immer wieder neu auf das Spiel des Lebens ein. Denke nicht zu kompliziert und unterbrich dein Gedankenrad mit Phantasie, Originalität und Neugier. So viele spannende Dinge warten auf dich. Individuell und ästhetisch kannst du deinen Alltag gestalten, damit unterbrichst du Routinearbeiten und findest dich immer wieder neu.

Reihe dich ein in das kraftvolle Feld derer, die ihr Leben selbst bestimmen. Sei mutig und ausdauernd, beharrlich und kämpferisch, wenn es um Belange geht, die deiner Seele und deinem Körper wichtig sind. Beobachte welche Stimmungen und Emotionen sich rund um dich sammeln. Durch dieses gewonnen Bild erfährst du, was deine Aura von dir ausstrahlt. Vielleicht kennst du ja schon das Gesetz der Resonanz: Gleiches zieht immer Gleiches an! **Die Spiegelung deiner Umgebung hat immer mit dir zu tun.** *Geht jedoch jemand abwertend und negativ mit dir um, hat das mit seinem Charakter zu tun. Du siehst dir lediglich an, WAS dies in dir auslöst. Denn diese Emotion gehört alleine dir. Mit der sollst du dich in nächster Zeit auseinandersetzen. Zuerst nimmst du wahr, dann beobachtest du dich selbst und schließlich hast du das Werkzeug der Veränderung in deiner Hand. Das richtige Werkzeug, die sich zum Guten verändernde Strategie, ein neuer Weg ins bunte, farbenfrohe Leben.*

Sei daher ausdrucksvoll und friedfertig in deiner Ausstrahlung. Auch durch deine Großzügigkeit in manchen Situationen und zu gewissen Personen spiegelt sich dein Geldverhalten wieder. Gibst du gerne, wirst du auch vieles bekommen. Unterstützt du mit vollem Einsatz, wird auch dir geholfen, wenn es notwendig ist. Begeisterst du dein Umfeld, wirst auch du letztendlich begeistert von Anderen sein.

Lebe deine Geselligkeit aus, auch wenn du daraufhin wieder in den Rückzugsmodus zum Erholen gehen darfst. Einsichten gewinnst du nur durch das Erleben. Bereicherung erfährst du, wenn du beobachtest und lernst, wie ein Kleinkind. Hole dir Inspirationen über viele Themen, nicht nur den bevorzugten Fokus des Gewohnten.

Tröste diejenigen, die nicht auf der Butterseite des Lebens wandeln. Empathie leben, heißt sich ihrer bewusst sein. Nur was du fühlst und ausdrückst, kannst du wahrnehmen. Fühle dich verantwortlich für Schutzbedürftige, doch gib nach erfolgter Hilfeleistung die Verantwortung wieder an sie zurück. Du kannst nicht ihr Leben leben, sie haben ihr eigenes Schicksal. Das Eingreifen ist nur in gewissen Momenten, manchmal auch für eine abgegrenzte Zeit, notwendig. Wer selbst Erfahrung macht, lernt viel schneller und begreift mit allen Sinnen.

Wenn ich dich beobachte, dann freue ich mich an den vielen Fortschritten, die du täglich machst. Auch wenn du selber nicht alles bemerkst, schwingst du dich oft auf ein höheres Energieniveau ein, wo du

selbstbestimmter agieren kannst. Und die Unter-
stützung deiner Seelengemeinschaft angenommen
hast. Ein wunderbarer Vorgang, wenn die Seelen-
lichter rund um dich erstrahlen. Dies sind die Mo-
mente, wo du dich so richtig wohl fühlst und sehr
glücklich bist.

Jetzt wo dir bekannt ist, dass es mich gibt,
brauchst du nie mehr einsam sein. Ich verstehe dein
ganzes Sein und dein Wollen, deine Bedenken und
deinen Stolz.

Manchmal gibt es jedoch Momente, wo dein gan-
zer Körper reagiert, wenn deine Seele trauert. In die-
sen Augenblicken verschmelzen wir wieder zu einem
Energiefeld. Da kann es dann vorkommen, dass du
unendlich müde bist und eine leichte Benommenheit
wahrnimmst. Durch diese hohe Energieschwingung
wird dein Verstand ein wenig umnebelt und ruhig ge-
stellt. Mache dir dann keine zusätzlichen Gedanken,
sondern genieße diese Schwingung. Sie bringt dich
wieder ins Gleichgewicht, balanciert dich aus und
schenkt dir die Kraft, um dein Leben wieder bewälti-
gen zu können. Auch wenn es sich verändert zeigt,
birgt es doch wieder neue Chancen, neue Lebens-
ziele. Ich geleite dich wieder zurück auf einen begeh-
baren Weg der für dich passt und dir den Raum gibt,
der dir zusteht.

Vertraue auf diese innere Kraft, die in dir wirkt und drücke sie im Außen aus durch Aktivität und Lebensfreude. Genieße die kleinen Besonderheiten, die das Leben dir bietet. In ihnen steckt der Same für die größeren Wunder.

Begreife, dass du nie ohne meinen Schutz bist und betrachte dein Leben als das bemerkenswerteste Wunder dieses Universums.

Zugewinne und Vertrauen entstehen durch das Tun. Die Freude am Dasein und die Ausgeglichenheit zwischen Begehren und Verzicht werden von nun an dein Leben begleiten. Denn immer, wenn das Pendel in eine Richtung ausschlägt, wirst du mit Unzulänglichkeit und Fehlern konfrontiert. Damit dies nicht mehr notwendig ist, suche selber das Gleichgewicht. Deine Ausstrahlung schafft, wie von selbst, neue Nähe und einen gelasseneren täglichen Umgang in deinem Leben.

Damit dies alles gut gelingen kann, überlege dir Strategien, die dies fördern. Dein Glück wird die endlose und rastlose Suche nach Unbestimmbaren beenden. Du brauchst dir auch nicht mehr Gewicht zuzulegen, um dich zu schützen und den Abstand zu ungeliebten Arbeiten und Menschen zu erhalten. Keine Aufmerksamkeit ist notwendig, um beachtet, wahrgenommen und geliebt zu werden. Es darf sein, wie es gerade ist. Wenn du das mit jeder Faser deines Verstandes, deines Herzens begriffen hast, spürst du die Erfüllung deiner Träume näher kommen. Auf leisen Sohlen tritt sie in dein Energiefeld ein, manifestiert sich in ihm und höchstwahrscheinlich trifft diese Erfüllung auf dich, wenn du es am wenigsten erwartest.

Spannend wird es auch, wenn du dann mit diesen Erfahrungen experimentierst. Weil das viel Spaß macht und dich voll beansprucht, hast du zumindest keine Muße und keine übrige Zeit, dich mit negativen Seiten auseinanderzusetzen.

Morgens beim Aufstehen sollte dein erster Gedanke sein: Wie schön, dass ich am Leben bin, Liebe geben darf und heute meine Talente wirken lassen kann. Viele schöne Momente erleben darf, anderen meine Hilfe anbiete und ein gutes Essen und die Freundschaft meiner Umgebung genießen kann. Abends beim Einschlafen sollten deine letzten Gedanken mit dem Aufzählen der positiven Ereignisse des Tages beschäftigt sein.

Wenn dir dies anfangs schwer fällt, beschränke deine Gedanken zumindest auf eine positive Minute oder Emotion des Tages. Konzentriere dich auf das,

was so besonders deinen Tag schmückt und verschönert. Dies bringt eine Struktur in dein Leben, wird zu
einem gewinnbringenden Verhaltensmuster und
schlussendlich hat es einen fixen Platz in deinem Leben. Wie wundervoll einfach du doch lernst!

Fange an, **alles zu segnen**, wenn für dich etwas
von Bedeutung ist. Segne zuerst immer dich selbst,
dann andere Menschen und Tiere. Traue dich, auch
schöne Dinge und deine Erschaffungen zu segnen.
Einem Gebäude, einer Dienstleistung oder einer
Emotion steht das Segenskleid auch sehr gut. Pro-
biere und staune, was sich in Kürze in dein Leben
wagt. Verpasse deinen Wünschen einen Hauch von
Segen, lasse einen segensreichen Wind über deine
Familie und Freunde wehen. Bekleide auch dein
Auto und andere Besitztümer mit einem strahlenden
Umhang aus Segen.

Und jetzt wird es ein wenig schwieriger. Segne alles und jedes, was du nicht magst. Das was dich her-
unterzieht, dich bedrängt, verachtet oder miss-
braucht. Die Bank, bei der du dein Konto überzogen
hast und im Rückstand mit deinen Kreditraten bist.
Mitglieder der Schule deiner Kinder, wie Lehrer oder
Aufsichtspersonen, die ihren eigenen Willen haben.
Arbeitskollegen, die dich mobben und dir nichts gön-

nen. Im Fußballteam, wenn dir der Ball weggenommen wird. Vorm Einkaufszentrum, wenn der gesichtete Parkplatz weggeschnappt wird. Im Bus oder der U-Bahn der letzte freie Platz nicht erreichbar ist, durch das Drängen der Menschen. Und in vielen anderen Situationen des Alltags. Bitte bei allen negativen Lebewesen, Objekten oder bei Wut-, Neid- und Zornenergie, deine Seelenfamilie um Hilfe. Wir alle unterstützen dich bei diesem sinnbringenden, segensreichen Akt.

Nur durch das ständige Üben bekommst du eine gewisse Routine und lässt dich von kleinen Rückschlägen nicht ins Bockshorn jagen. Der nächste Tag versorgt dich mit frischer Energie und du merkst dann die leichten Verbesserungen, die sich langsam, aber beständig in dein Leben schleichen. Diese Prozesse nennen wir Wachstum auf allen Ebenen. Zu deiner Erinnerung wiederhole ich mich noch einmal. **Nicht das was geschieht ist für dich wichtig, sondern wie du es bewältigst.**

Ein kleines Beispiel, um dies besser verinnerlichen zu können:

Nach einem langen, nicht sehr erfolgreichen, aber anstrengenden Arbeitstag kaufst du noch ein paar Lebensmittel im nahegelegenen Supermarkt ein. Schließlich stehst du in einer langen Schlange an der Kasse und wartest darauf, endlich deine Waren auf das Förderband legen zu können. Deine Gedanken sind schon im gemütlichen Heim, um endlich die hart verdiente Auszeit genießen zu können, da drängt sich eine unappetitliche Person frech an dir vorbei. Ohne dich zu fragen, legt sie eine Flasche Wein vor dich hin und murmelt: „Hab ja nur ein Stück, geht ja schnell!" Deinen Einwand, sich hinten anzustellen, überhört sie geflissentlich. Da steigt Wut in dir auf und negative Gedanken kommen, die sonst keinen Platz in deinem Oberstübchen haben. Zornig räumst du deine Waren aufs Band. Hinter dir regen sich auch schon einige Menschen deswegen auf. Doch niemand traut sich, die betroffene Person direkt anzusprechen. Deinen Frust über die Ungerechtigkeit nimmst du sogar bis in dein Beförderungsmittel nach Hause mit. Daheim angekommen, platzt dir der Kragen und alle die dir begegnen, können es dir nicht recht machen. Sogar noch im Bett haderst du mit diesem Vorfall: „So etwas darf es doch heutzutage nicht mehr geben!" In der Nacht wachst du oft auf und in den kurzen Traumsequenzen kämpfst du mit Gegnern um etwas, was du nicht einmal benennen kannst. Nach dieser unruhigen

Nacht bist du noch immer müde und missgelaunt.
Der neue Tag fängt gar nicht gut an.

Nun kurz zusammengefasst: Die Situation im Supermarkt hat vielleicht ca. 2-3 Minuten gedauert. Dein Zorn, dein Frust, dein Unmut und deine Wut hast du nicht bereinigt, sondern sogar an andere weiter gegeben. Selbst dich hat es Stunden beschäftigt, obwohl das nichts mehr ändert. Nun zum nächsten Beispiel, wie es hätte sein können.

Nach einem langen, nicht sehr erfolgreichen, aber anstrengenden Arbeitstag kaufst du noch ein paar Lebensmittel im nahegelegenen Supermarkt ein. Schließlich stehst du in einer langen Schlange an der Kasse und wartest darauf, endlich deine Waren auf das Förderband legen zu können. Deine Gedanken sind schon im gemütlichen Heim, um endlich die hart verdiente Auszeit genießen zu können, da drängt sich eine unappetitliche Person frech an dir vorbei. Ohne dich zu fragen, legt sie eine Flasche Wein vor dich hin und murmelt: „Hab ja nur ein Stück, geht ja schnell!" Deinen Einwand, sich hinten anzustellen, überhört sie geflissentlich. Da siehst du dir die Person mal genauer an, schließlich steht sie ja unmittelbar vor dir. Der ungepflegte Eindruck bestätigt deine Vermutung, dass diese Person ein Problem mit vielen Dingen im Leben hat. Vielleicht trinkt sie ja die Flasche selbst leer, oder sie muss es für jemanden besorgen, der es nicht immer gut mit ihr meint. Aber es könnte auch ein Geschenk sein, das mühsam zusammengespart wurde. In deiner kurzen Tagträumerei stellst du dir vor, dass sie dich um Entschuldigung bittet, weil sie es eilig hat. Ihre Kinder sind alleine zuhause und der Wein ist für ihren gelähmten Vater, der bei ihnen in einer kleinen Wohnung lebt. Wie es wirklich ist, wirst du aber nicht erfahren, denn während du dir dies vorstellst, hat sie schon bezahlt und du bist dran zum Abrechnen. Na ja, denkst du dir, ist ja jetzt schnell gegangen. Gut aufgelegt, weil du schon alles erledigt hast, fährst du nach Hause. Nach dem Abendessen fällt dir die Situation nochmals ein und du spürst ein bedauerndes Mitgefühl für diejenigen, denen es nicht so gut geht wie dir. Doch beim Abräumen des Tisches freust du dich schon auf den angenehmen Abend. Zufrieden schläfst du ein und nach einem erholsamen Schlaf startest du in einen besonders angenehmen Tag.

An diesem Beispiel siehst du, dass du immer eine Wahl hast. Wie du etwas siehst, was es in dir auslöst oder wie du es beurteilst. Die Folgen daraufhin bestimmen dein Leben. Denn eine gelernte Lektion wird nicht mehr wiederholt. Im Laufe der Zeit wirst

du feststellen, dass dich andere Menschen wahrneh-
men, respektieren und falls es notwendig ist, wie im
vorangegangenem Beispiel, höflich fragen, bevor
eine Aktivität gestartet wird. Reagierst du in ähnli-
chen Situationen ärgerlich und zornig, wird dir das
Leben immer vorzeigen, was du noch bearbeiten
darfst. So lange, bis du verstehst.

Wenn du nicht mehr weiter kannst, kein wün-
schenswertes Ziel mehr findest, tauche in die Tiefe
deiner Seele und hole dir dort von mir, deinem See-
lenspiegel, Kraft und Durchhaltevermögen.

Allein der Wunschgedanke reicht, um zu mir vor-
zudringen und mit mir zu verschmelzen. So einfach
geht das. Atme tief ein und genauso lang wieder aus.
Nichts anderes ist dann mehr wichtig. Der Atem ist
dein Lebensstrom, auf dem du jeden Seelenort errei-
chen kannst. Wie auf dem natürlichen Flusswasser,
überlässt du dich der Strömung, die dich schnell und
unkompliziert zu mir trägt. Danach kannst du durch
den Wunsch in den Alltag zurückzukehren, in einem
Bruchteil eurer Sekunde dich wieder in deinem Leben
befinden.

Von Vorteil ist es, wenn du gerade durch nichts
abgelenkt bist und dir eine Pause genehmigen
kannst. Sonst ist dazu nichts nötig. Wie oft du mich

besuchen kommst, liegt alleine an dir und deiner Sehnsucht nach Liebe und Unterstützung. Ob Tag oder Nacht ist völlig egal. Tu es einfach!

Nur der, der wagt, gewinnt. Jener der vertraut auf Hilfe, wird sie auch bekommen. Alle die hoffen, öffnen das Tor zu unserer Welt und verbinden sich mit uns. Wenn du so vorgehst, wirst du ab jetzt auf die Butterseite deines Lebens kommen. Denn dies ist dein Geburtsrecht und wenn du es zulassen kannst, werden deine tiefsten Wünsche, die du richtig fühlen kannst, wahr. Regeln dazu gibt es keine, außer dass Ergebnisse nur ins reale Leben kommen, wenn die Energieschwingung passt. Der Energielevel muss daher unbedingt mit der Schwingung der Liebe harmonieren und durch dich erhöht werden. Die Alltagsenergie reicht also nicht aus, lasse deinen Wunsch daher emporsteigen durch ein Gefühl der Liebe, der Annahme und des Vertrauens in ein positives Ende. So einfach geht das.

Ich umarme dich und verbinde unsere Seelenpunkte immer wieder neu.

Dein Seelenzwilling

DER SITZ DER SEELE

Wissenswertes über die Seele

Du hast dich sicher schon oft gefragt, wieso Wissenschaftler noch nie ein Fragment einer Seele gesichtet haben. Der menschliche Körper wurde von ihnen durchleuchtet, seziert, vor und nach dem Tod gewogen, in Zellen zerlegt und trotzdem gibt es keine Erklärung zum Aufenthaltsort der Seele.

Schon vor Jahrtausenden wussten unsere Vorfahren, dass die Seele existiert, aber nicht greifbar ist. Diese Tatsache hat sich bis heute nicht geändert. Kein Arzt, kein Forscher, kein Spezialist, egal auf welchem Gebiet, kann die Seele nachweisen. Selbst viele Atheisten glauben daran, dass es sie gibt. Dazu haben sie zwar keine konkrete Vorstellung, doch auch gläubige Personen tun sich in diesem Fall mit Beweisen schwer.

Die alten, überlieferten Glaubenslehren mancher Weltreligionen stellen sich vor, dass Teile der Seele ihren Platz über dem Kronenchakra (über dem Kopf des Menschen), also außerhalb des physischen Körpers, sitzen hat. Sie wird auch als hochschwingendes Luftchakra bezeichnet.

Diese feine Schwingung vermag eine Verbindung zu den Informations- und Energiefeldern der Urseele herzustellen, wann immer es notwendig ist.

Begriffe wie Dual- oder Zwillingsseelen, sowie Seelenpartner bezeichnen die gespiegelte Seele. Hier wird, durch einen scheinbar sehr vertrauten Menschen, dem man begegnet, eine Spiegelung eines eigenen Seelenteiles sichtbar gemacht.

Eine immer öfter in der heutigen Zeit auftretende Art der Seele ist eine Walk-In-Seele. Diese übernimmt während eines Schockes, eines Traumas, einer längeren und tiefen Narkose, eines Komas oder durch eine Organtransplantation die inkarnierte Seele und integriert sie sich oder verdrängt diese. Man spricht auch von einem Seelentausch. Bei dieser Übernahme kann es auch vorkommen, dass eine Seele, die derzeit nicht inkarniert ist (also in keinem Körper geboren wurde) einen geschwächten, nicht kontrollierbaren Körper vereinnahmt. In diesem Fall geht man von einer Besetzung aus. Auch bei okkulten Ritualen, ohne genaues Wissen darüber, kann dies vorkommen. Ab diesem Zeitpunkt ist der in Besitz genommene Mensch ein völlig Fremder. Er hat andere Vorlieben, sein Charakter ändert sich über Nacht, er reagiert nicht wie gewohnt. Seine Träume und Phantasien sind ihm selbst fremd. Lieblingsspeisen und Getränke wechseln, die Art der Bekleidung und deren Farben sind verändert. Nur durch die Führung einer erfahrenen Seele kann die eigene inkarnierte Seele wieder in dem Körper zurückgeholt und verankert werden (Seelenrückholung). Ist die Übernahme schon fest manifestiert, muss dieses Leben mit ihr abgeschlossen werden. Erst nach dem körperlichen Tod geht sie wieder zurück an dem bestimmten Platz.

Bezeichnungen wie junge, mittelalte und alte Seelen (auch Säuglingsseelen, Kinderseelen, Teenagerseelen, Erwachsenenseelen und Altersseelen genannt), sind nicht ausschlaggebend für die Reife einer Seele, sondern bezeichnen nur wie viele Inkarnationen schon auf dieser Erde gelebt wurden. Zeitweise kommt es aber vor, dass schon junge Seelen mit wenigen Leben viel Erfahrung und Wissen wieder zurück integriert haben. Dabei ist es mehr von Belange, welche Eigenschaften die Seelen mitbringen und wie Lebensprüfungen geschafft und gelebt wurden.

Menschenseele — Tierseele

Jeder von uns Menschen kommt irgendwann in einen Lebensabschnitt, der mit dem Bewusstsein gekoppelt ist, dass ihm etwas fehlt. Dem Kind fehlt vielleicht die liebende und fürsorgliche Mutter. In der Teenagerzeit fehlt etwas, was noch nicht benannt werden kann. Junge Erwachsene suchen nach einem Lebensinhalt und wissen noch nicht, wohin sie sich mit ihrer Berufswahl hinwenden sollen. In späteren Jahren, wenn die Kinder aus dem Gröbsten heraus sind, beginnt die Auseinandersetzung mit sich selbst und seinem Partner, dem man in arbeitsreichen Jahren etwas hintenan gestellt hat. Der Freundeskreis wurde nicht immer gepflegt, da keine oder wenig Zeit vorhanden war. Ältere Menschen setzen sich mit dem Alter und seinen Begleiterscheinungen, sowie mit dem Tabuthema Tod auseinander. Obwohl je Alter verschiedene Seelenanteile gesucht werden, haben sie doch eines gemeinsam. Eine Form von Liebe geht ab. Ob es sich dabei um die Aufmerksamkeit, die Annahme, die Jugend, das Vertrauen oder ähnliches handelt spielt hier keine Rolle. Denn was dahintersteht ist der Seelenaspekt des eigenen Ichs.

Die Selbstliebe, die Selbstannahme, das Selbstvertrauen und vieles mehr, werden als erstes im Außen gesucht, bei anderen Menschen und in unserer Zeit immer öfter bei den Tieren.

Noch in keiner Zeit dieser Erde werden die Tiere in Massen so vermenschlicht. Obwohl noch nie so viel Fleisch von Tieren gegessen wurde wie gerade in dieser Gegenwart. Tiere wie Hunde, Katzen, aber auch viele exotischen Tiere, werden nicht nur gefüttert, sondern regelmäßig mit Streicheleinheiten verwöhnt, wie sonst kein Familienmitglied. Exklusive Utensilien zum Spazierengehen, Behälter zum Transportieren, gesicherte Plätze im Auto, Fressutensilien, Nahrung in Dosen und Schalen, überteuerte Behandlungen beim Tierarzt, kuschelige Schlafplätze und vieles mehr ist für viele Tierbesitzer ganz normal. Sie verzichten gerne auf Dinge und Reisen, damit dies erworben oder bezahlt werden kann.

Doch wieso berührt uns eine Tierseele einerseits so stark und andererseits essen wir mittags und abends Fleisch und Wurst? Personifizierst du ein Tier, wird die Tierseele auf das Schwingungsniveau des Besitzers emporgehoben und ersetzt somit den fehlenden Seelenteil. Tiere die wir essen, sind nicht nur unbekannt, sondern durch Kochen und Braten so verändert, dass die niedere Angst und Aggressionsschwingung, die in fast jedem Stück Fleisch vorhanden ist, nicht mehr wahrgenommen werden kann. Die Angst vor dem Duft des Todes und die Aggression gegen den, der die Schlachtung durchführte verbleiben im toten Körper. Durch das Verändern des Geschmackes mittels Salz und Gewürzen wird auch die persönliche Wahrnehmung, was man da gerade isst, unterdrückt. Doch der menschliche Körper muss dies ausgleichen und kämpft jeden Tag mit diesem Ungleichgewicht.

Mit der Zeit, wenn Krankheitsbilder im und am Körper auftauchen, befasst man sich jedoch wieder damit. Doch die Verbindung kann vom Verstand her nicht mehr hergestellt werden. Der Mensch sucht immer erst einen Verantwortlichen im Außen für seine Erkrankung. Die Umweltverschmutzung, die vererbten Gene, der Armut, der falschen Diagnose, den oder die beteiligten Personen beim Unfall, die Arbeit oder den (die) Partner(in). Erst wenn versucht wird, sich auseinanderzusetzen mit den gegebenen Tatsachen dringt so manche Erkenntnis aus der Tiefe der Seele durch. Dann fällt auf, dass schon seit geraumer Zeit das

Leben nicht mehr stimmig war, so mancher körperlicher Schmerz schon länger ignoriert worden ist. Die Schulmedizin und ihre Medikamentenbegleiter sind längst in unserem Alltagsleben so integriert, dass wenige Menschen diese in Frage stellen. Und wundern sich aber dann, wenn der Körper nach seiner Heilung wieder Ungleichgewichte aufzeigt. Oft schon nach kurzer Zeit mit anderen Symptomen oder mittels neuer erkrankten Körperstellen. Die Botschaft wird immer deutlicher, dass etwas ganz und gar nicht im Leben stimmt. Wer diese Informationen immer noch ignoriert oder schnell oberflächig behandelt, darf sich nicht wundern, wenn dann nicht mehr viel Zeit auf dieser Erde bleibt, um eine ganzheitliche Heilung einzuleiten und durchleben zu können.

In vielen Fällen nehmen auch Haustiere, die eng mit den Besitzern verbunden sind, Krankheiten auf sich, um sie dem geliebten, vertrauten Menschen abzunehmen und deren Leben zu erleichtern. (So wie sie bei jeder Gefahr ihren Besitzer oder ihre Besitzerin verteidigen oder retten.) Dies erklärt auch den großen Bedarf an Tierärzten und Tierpsychologen oder Tierart-Flüsterer. Immer mehr davon arbeiten bereits ganzheitlich, weil sie längst verstanden haben, dass auch Tiere eine Seele haben.

Mit Respekt vor dem Leben, doch einer festen Wohlfühlgrenze erreichen sie Dinge wie Dressur, das Erlernen von Befehlen und dergleichen fast spielerisch.

Oft genügen Blicke und Gesten, damit zwei Seelen mit ihrer Verbindung spielerisch umgehen und sie natürlich festigen. Welche Wonne, diese Energien zu fühlen. Keine der beiden Seiten, weder Mensch noch Tier, verlieren dabei Energie. Ganz im Gegenteil, sie schöpfen aus dem vollen Potenzial, dass uns das Universum zur Verfügung stellt. Es dient beiden, sich artgerecht zu entwickeln und eine spürbare Liebe entstehen zu lassen.

Da Tiere in Hinblick auf die Evolution eine Nase vorne haben, schließlich waren sie die ersten Erdbewohner, können wir sehr viel auch von Ihnen lernen. Wer sich dieser Spezies öffnet und sich auf einen Austausch einlässt, profitiert von dieser exzellent ausgearbeiteten Gefühlsharmonie. In Bereichen wie Angst- und Einsamkeitstherapien ist man sich schon länger sicher, dass nur die Anwesenheit von Tieren einen schnelleren Heilungsverlauf in Gang setzt. Kein Medikament der Welt kann dies in solch kurzen Zeiten schaffen. Sogar bei betagten, dementen Menschen gewinnt die Zuneigung und Liebe zu manchen Vierbeinern immer mehr an Bedeutung.

Tiere sind Begleiter durchs Leben, Helfer bei Arbeit und Therapie, sowie Seelenschmeichler. Auch sie begleiten oft Menschenseelen durch mehrere Inkarnationen. Schaue in die Augen deines geliebten Tieres und du spürst die enorme Verbundenheitskraft, die einem Energiefaden gleich euch verbindet. Es gibt auch Zeiten, in denen man sich nur von Tieren verstanden fühlt. Besonders dann, wenn Menschen enttäuschen und verlassen. Übrig bleibt der tierische Wegbegleiter und Freund. In der heutigen Zeit übernimmt er auch manchmal den Sportbegleiter. Nicht wenige Sportarten werden mit Tieren gemeinsam erlebt und Freude auf die Natur dadurch gewonnen.

Die immerwährende Freundschaft und Liebe zwischen diesen beiden Spezies kennt kein Auf und Ab von Tierseite her. Zeitgefühle in Bezug auf Zeitdauer kennt der tierische Freund nicht, daher ist er weder böse wenn es später wird, noch beleidigt, wenn man anderen den Vorzug gibt. Dies gibt dem Menschen eine gewisse Freiheit, die auch in manchen Fällen überstrapaziert wird und in einem Machtgehabe ausartet. Doch auch dies verzeihen sie, jedoch bleibt eine Angstspur zurück, die im Bewusstsein dieses hochschwingenden Tieres abrufbereit bleibt, und die Verbindung anders werden lässt.

Über Gedanken und Gefühle werden Energiefelder produziert, die verschiedene Tierarten anziehen. Beispiel dafür gibt es im Positiven wie im Negativen. Ein Pferd reagiert freundlich auf eine hochschwingende Person, ein Hund auf die liebevolle Schwingung eines Kindes. Wilde Tiere auf die Angstresonanz beim Betrachter, stechende Insekten auf Energien, die verletzend, aggressiv oder durch Fremdenergien wie Alkohol oder ungesunde Ausdünstungen durchsetzt sind.

Begegnest du einem Tier, hat dieses eine Botschaft für dich. Sie erinnern dich an das, was gerade ansteht, was dich bewegt oder wie du mit anderen Lebewesen, Mensch eingeschlossen, umgehst. Tiere, die wir sehr nahe in unser Energiefeld lassen, zeigen uns in manchen Fällen sogar Erkrankungen, sogenannte Störfelder im energetischen Bereich, an. Frage dich daher, wenn du ein Tier betrachtest, was es dir sagen möchte. Vielleicht bestehen Parallelen im Lebensumfeld oder im Aussehen. Forscher haben festgestellt, dass zum Beispiel Hunde oft ihrem langjährigen Besitzer ähnlich werden. Oder umgekehrt. Krauses Haar, große Ohren, spitzer Mund, langer Hals, Körperbehaarung, Gangart, Bewegungsdrang, Essensvorlieben und vieles mehr. Sogar die Körperpflege zeigt oft gleiche Ansätze. So wie Menschenpaare sich ähnlich sind, gibt es dies auch zwischen Tier und Mensch. Weiter Aufschlüsse gibt es auch, wo sich Tiere in deinem Haus einnisten, welche Art und was sie damit bezwecken. Sind es tag- oder nachtaktive Lebewesen, besetzen sie einfach einen Platz oder verändern sie alles, damit sie sich wohlfühlen.

Stelle dir dazu noch ein paar Fragen, die Aufschluss über dich geben können:

Lebst du immer in der Gegenwart?

Brauchst du Besitz und Geld um glücklich zu sein?

Hast du Angst vor Schmerz und Trauer?

Schämst du dich manchmal für dein Verhalten oder dein Aussehen?

Liebst du aus ganzem Herzen oder nur teilweise?

Entdeckst du die Annehmlichkeiten und Schönheiten der Natur?

Vertraust du auf dich selbst?

Verbirgst du etwas, was andere Menschen nicht sehen dürfen oder sollen?

Vermeidest du immer wieder gleiche Situationen?

Bist du mutig und stark?

Hilfst du anderen Lebewesen, wenn sie deinen Beistand brauchen?

Bewegst du dich genug und hast du daran Freude?

Gönnst du dir Pausen ohne ein schlechtes Gewissen zu haben?

Dein Haustier würde auf fast alle Fragen mit JA antworten, doch wie sieht es bei dir aus?

Halte dir daher Folgendes vor Augen. Jede Art von Gedanken und Gefühlen erzeugen im Positiven eine rechtsdrehende Energie. Das bedeutet, diese Energie strömt in deinen Organismus hinein und versorgt deine Organe, dein Blut, dein Lymphsystem, deine Nervenbahnen und deine Hormone. Auch Eigenschaften wie Liebe, Freude, Humor, Klarheit, Mitgefühl, Gelassenheit und Geduld fallen unter eine Bereicherung deines Seins.

Negative Gefühle und Stimmungen erzeugen dunkle Schattenfelder mit einer niederen Schwingung, die sich in dir manifestieren und festfahren kann. Diese sind linksdrehend und bewegen sich auch in deinem Umfeld, sodass sogar deine Aura und deine Ausstrahlung auf Dauer verändert werden. Und das nicht zu deinem Vorteil. Hier steht eine Tür offen, in der auch von anderen Lebewesen, Orten und Verhaltensmustern die Negativität unkontrollierten Eintritt hat. Schon in alten Zeiten bei den Urvölkern war dies den Schamanen bekannt. Sie drehten und saugten böse Energien und Krankheiten aus den Körpern und vertrieben mit rhythmischen Trommeln die daraufhin erfolgten Besetzungen aus dem menschlichen Aura Feld. Wie weise diese Vermittler zwischen den Welten doch schon waren. Ohne Studium der Natur und ihrem Verhalten wären sie aber nicht zu diesem Wissen gelangt. Dies hat der moderne Mensch längst verlernt, er befasst sich lieber mit den Dingen, die ihm die Geldbörse füllen, jedoch nicht seinen Energiehaushalt.

Auch Tiere haben unterschiedliche Systeme. Vorwiegend rechtsdrehend sind Hunde, Pferde, Kühe, Schafe, Delphine, Wale und viele mehr. Die andere Richtung bevorzugen Katzen, Ameisen,

Spinnen, Ratten und Kleinstlebewesen. Je nach dem und auch zu gewissen Zeiten zieht es uns zu einer Tierart hin, wenn sie sich im gleichen System drehen wie wir. Katzen bevorzugen als Ruheplatz energetische Störfelder, daher beobachte, wo sich die Lieblingsplätze deiner Katze befinden. Die sind für dich nicht unbedingt förderlich. Sie können sogar auf Dauer deine Gesundheit beeinträchtigen, da sie linksdrehend sind. Doch die Katze braucht dies zur Körperreinigung von Milben, Zecken und ähnliche Parasiten.

Doch nicht alles ist schlecht, was linksdrehend ist. Wir leben in einer Welt der Dualität. Schatten und Licht, Stille und Lärm und viele andere Gegensätze haben in unserem Leben eine Berechtigung. Oft können wir ohne das eine oder andere nicht gesund leben, denke an Tag und Nacht. Tiere gleichen daher in unserem Umfeld diese Dualität für uns aus. Eine wunderbare Symbiose, die funktioniert, ohne sie wirklich zu kennen.

Leiden einige unserer Mitmenschen, oder sogar wir selbst unter Tierallergien, so ist dieses natürliche Verhältnis gestört. Eine Katzenhaarallergie sagt aus, dass vielleicht unsere Reaktion auf die Welt vorwiegend ablehnend und aggressiv sich darstellt. Wir sehen nur mehr das Schlechte in der

Welt, nicht was sie uns nutzt und wie sie uns nährt. Man fühlt sich in der eigenen Haut nicht wohl und lehnt mit den Auswirkungen der Allergie auch sich selbst schlussendlich ab. Die laufende Nase sagt aus, dass man Abstand halten möge und der Atem (die Lebensfreude) ins Stocken gerät. Tränende Augen zeugen von unklarer Sicht und Wut und Zorn auf die Umwelt. Was will ich nicht mehr sehen oder will ICH nicht mehr gesehen werden?

Jedes tierische Geschöpf ist in der Seelenfamilie miteingebunden und dient dem höchsten Wohle der Gesamtheit. Die Position in der Hierarchie ist fest eingebunden und ein wertvoller Beitrag in der Seelenhilfe. Ob sie Freund, Helfer oder Nahrungsspender sind, wird verabredet und in der Ausführung unterstützt. Alles ist organisiert, um das größtmögliche Entwicklungspotenzial zu fördern. Nach dem Abschluss der gewünschten Erfahrungen kehrt die Tierseele in das Seelenfeld der Unterstützer zurück, bereit für seinen neuen Einsatz. Der Begriff „Regenbogenbrücke" kommt bei Tierliebhabern nicht von ungefähr zum Ausdruck beim Tod des geliebten Tieres. Regenbogen haben keinen bestimmbaren Anfang und kein Ende, daher kann er von beiden Seiten gesehen werden. Dies ermöglicht den Tierseelen, öfters diesen

Durchgang von der Seelenwelt in das irdische Dasein zu benutzen. Nicht verwunderlich ist es daher, dass Menschen oft viele Tiere gleichzeitig und nacheinander in ihr Herz schließen. Und alles für sie tun, den Aufenthalt auf der niedrig schwingenden Erde so angenehm wie möglich zu machen. Letztlich ist es jedem Tierbesitzer überlassen, wie nahe ihm das Tier kommt. Einen fehlenden Menschen kann die Tierseele jedoch niemals ersetzen. Seine Schwingung kann nicht auf Dauer höher gehalten werden. Der animalische Teil im Tier fordert immer seinen Raum ein.

Die Masse der Tierseelen stehen jedoch für andere Erfahrungen zur Verfügung. Menschen lernen von der Tierbeobachtung, nutzen Fähigkeiten von ihnen für ihre Technik und vor allem sind sie Nahrungs- und Lebensmittel für die breite Menschenmasse. Das letztere sollte jedoch überdacht werden, wenn wir die Schwingung unserer Erde anheben möchten. Auch unsere eigene Schwingung kann sich auf Dauer nur erhöhen und reinigen, wenn wir sie nicht vermischen. Fühlen wir in uns hinein und fragen uns, was wir wirklich brauchen. Der Verstand ist ein Gewohnheitsmechanismus, er überdeckt, wenn wir nicht aufpassen, immer wieder die neuen Felder, die sich gerade bilden. Außerdem sind wir ständig auf der Suche, nach Mehr, nach Sicherem und nach dem Vertrauten. Das Neue ist anstrengend und noch undurchschaubar bis zum Ende.

Die Botschaft der Seele lautet aber, sich zu entwickeln und nicht rückwärts zu schauen oder sogar zu gehen. Kommt etwas ins Stocken, fallen wir schnell wieder in die alten Muster zurück. Doch Energie folgt immer der Aufmerksamkeit. Chancen können nur wahrgenommen werden, wenn der Mensch dazu bereit ist. Dein Haustier wird dich auch hierbei unterstützen. Lass es einfach zu.

Lebensmuster werden aus der Seele heraus geschaffen. Was dich gestern noch nicht begeistern konnte, liebst du vielleicht heute schon. Gehe ins Gefühl und lasse dich von deiner persönlichen Entwicklungswelle mitziehen. Irgendwann landest du dann sicher und voller Freude wieder bei deiner Seelenfamilie.

Liebe und Zuneigung deiner wahren Familie erlöst alle Dramen und bringt dich sicher heim. Freue dich darauf, doch genieße deinen Aufenthalt auf dieser Erdenschule wie einen Urlaub mit Abenteuereffekt. Diese neue Sichtweise verhilft dir, alles unbeschadet zu überstehen. Gestärkt und mit Schätzen beladen, die man nicht kaufen kann, verschönerst du dein Lichtleben in der Sternenwelt.

Naturseele

Umgebende Natur und das Landschaftsbild sind auch ein Seelenteil dieser auserwählten Lichtfamilie. Hier wurde bei der Planung alles berücksichtigt, was du brauchst, um das ideale Energiefeld mit den dazugehörigen Aufgaben zu finden. Die Schönheit oder auch Andersartigkeit des äußeren Lebensbildes entspricht deinem Schwingungsstand. Verschmutzte Umwelt, ödes Landschaftsbild und kranke Wälder drücken in der dualen Welt deinen Aufgabenprozess aus. Das was in dir noch nicht gereift ist oder der Integrationsvorgang noch beendet werden muss, drückt sich in Bilder der Umwelt aus.

In unserem europäischen Lebensraum finden sich doch die Schwerpunkte in der vorwiegend noch gesunden Natur. Hier bei uns liegen die Aufgaben noch mehr in dem Behalten und Beschützen dieses Naturerlebnisses.

Wie ungemein wertvoll unsere ausgeglichene Umwelt für unsere Gesundheit ist, merken wir jedoch auch immer öfter schon. Kraftvoll daraus schöpfen zu können, die innere Batterie aufladen zu können, gehört für viele Menschen tagtäglich einfach dazu. Die Schätze der natürlichen Heilmittel zu ernten und sie zur Seelenmedizin zu machen, ist auch ein Teil von diesem Ganzen. Doch die Seele Natur bietet noch wesentlich mehr.

Schon seit Urzeiten hat eine gesunde Umgebung eine starke Anziehungskraft auf unsere Seele. Nur hier werden eine kostenlose Regenerierung und ein Stressabbau angeboten. Die innere Ruhe stellt sich ohne besondere Vorkenntnisse beim Durchschreiten dieser grünen Pflanzen und der Baumseelen ein. Ein tieferes Durchatmen findet in einem sehr hochschwingenden Umfeld statt.

Dadurch verbessern sich in unserem Körper die Durchblutung und die Leistungsfähigkeit. Die Zellen können auftanken und sich wieder an ihre Urinformation erinnern. Neue Gedanken und Möglichkeiten von Lebensveränderungen kommen an die Oberfläche der Wahrnehmung, werden gesehen und angenommen und bringen die einzelnen Erfahrungspuzzlesteine wieder zur Seele zurück. Ein wundervoller Kreislauf, der in den alten Traditionen seine Wurzeln findet.

Unsere Seele verbindet sich mit der Naturseele:

Plötzlich verbinden sich unsere Sinne und wir hören wieder die Stille.

Wir sehen das Unsichtbare.

Der Geschmack der Vielfältigkeit manifestiert sich.

Das leichte Vibrieren der Energieschwingung ist wieder spürbar.

Das Leben atmet uns.

Vollkommene Düfte ziehen in unsere Nasen.

Temperaturen zeichnen Spuren auf der Haut.

Ganzheitliches Empfinden streichelt die Seele.

Die Natur ist nicht nur um uns, sondern in uns. Sie lässt uns einen neuen Standort bestimmen, die Gegend überschauen und tragfähige Wurzeln finden. Eine tragende Säule in dieser Inkarnation.

Begegnungen, die in der Natur stattfinden, sind heilsam für Körper, Geist und Seele. Das bewusste Erleben und Wahrnehmen wird von deiner Seelenfamilie gerne gesehen, dient es doch dazu, deiner Entwicklung eine Stabilität und Verwurzelung zu geben. Alle Projektionen und Erwartungen werden hier in filigrane Höhen gehoben und neu zusammengesetzt.

Die Samen sind gesät und die Erinnerung, wer du wirklich bist, muss nicht durch den Verstand erfolgen. Denn die Seele weiß es längst.

ANGEWOHNHEITEN UND VERÄNDERUNGEN DIE DER SEELE GUT TUN

Hier findest du einige Vorschläge kleine Gewohnheiten zu verändern, um die bestmöglichsten Resultate für dein Seelenheil zu gewinnen:

Umgebe dich mit Menschen, die zufrieden sind mit ihrem Leben und neue Herausforderungen mit Freude annehmen. Lasse Menschen in dein Leben treten, die mutig und mit Freude ihren Weg gehen. Halte dich fern von Nörglern, Besserwissern und jene, die immer schlecht gelaunt sind. Auch ängstliche Menschen, die auf Dauer deine Gesellschaft suchen, sind nicht förderlich für deine Entwicklung. Ihre Lebenseinstellung kann auf dich abfärben und auch aus dir einen Angsthasen machen.

Bewege dich regelmäßig in einer natürlichen, möglichst unbelasteten Umgebung. Dies verbessert deine Laune und macht aufmerksam auf das, was wirklich wichtig für dich ist. Finde die ideale sportliche Betätigung. Falls du jetzt denkst, dass dir nichts wirklich Freude macht, denke an deine Kindheit zurück. Irgendetwas hat dir immer Spaß gemacht. Suche wieder danach. Probiere verschiedene Sportarten aus. Lasse dich nicht von Modetrends beeindrucken, die nicht in dein Lebensschema passen. Wenn es Probleme bei der Ausübung gibt, dann wirst du nicht lange daran Freude haben.

Schlafe möglichst zu regelmäßigen Zeiten. Du bestimmst selbst, wann die Zeit dafür richtig ist. Stimmungsschwankungen sind die Folge von zu wenig erholsamen Ruhezeiten. Lasse dir nicht vorschreiben wie lange du schlafen musst. Dein Körper wird sich auf die ideale Schlafdauer selbst einpendeln. Verbanne alles, was deinen Schlaf stört wie Licht, Geräusche oder zu harte, durchgelegene Matratzen. Gönne dir selbst ein kuscheliges, angenehmes Bett. Entferne alle elektronischen Geräte aus deinem Schlafbereich, damit dein Körper und deine Seele sich erholen können. Denke auch an die Temperatur des Raumes. Nicht zu kalt und nicht zu heiß.

Gehe so oft es dir möglich ist ins Sonnenlicht. Auch im Winter und bei schlechtem Wetter strahlt die Sonne durch die Wolkendecke. Die Strahlung ist ein Stimmungsaufheller und fördert die Vitamin D Bildung in deinem Körper. Von dieser profitiert auch letztendlich deine Seele. Übertreibe nicht mit stundenlangem Sonnenbaden. Nur ein zu viel ist schädlich für die Haut. Tägliche kurze Spaziergänge reichen für den Anfang. Du kannst sie im Laufe der Zeit nach Möglichkeit verlängern. Achte auf gute Schuhe, nur dann kann die Umgebung wirklich wahrgenommen werden, wenn nichts drückt und schmerzt. Begrüße Mutter Sonne am Morgen und verabrede dich mit ihr für den nächsten Lebenstag.

Beschäftige dich mit deinen Essgewohn-
heiten. Halte dich mehr ans Gemüse essen und unterstütze dein Gehirn regelmäßig mit Obst (natürlicher Fruchtzucker)
und Ölen wie z.B. Walnussöl oder Leinöl.
Belohne dich nicht mit Süßigkeiten, sondern genieße sie nur in kleinen Mengen.
Es gibt viele gute Bücher, wie du eine Er-
nährungsumstellung in deinen Berufs-
Tagesablauf unterbringst. Nur den Willen
dazu musst du mitbringen. Dein Hausver-
stand weiß ohnehin viel über gesundes
Essen, denn ständig hörst oder liest du
darüber in den Medien. Hinterfrage aber
zu diesem Allgemeinwissen, was DU
brauchst. Nimm für dich diese Veränderung in die Hand und komme ins Tun.

Such die Nähe von anderen, verbringe einen Teil deiner Lebenszeit mit Ihnen. Alleinsein ist schön, Einsamkeit macht aber auf Dauer krank und alt. Nimm teil an gesellschaftlichen oder sportlichen Aktivitäten, auch wenn du danach wieder deine Ruhe genießt. Besuche wieder einmal Freunde und Verwandte, die dir am Herzen liegen und tausche dich mit ihnen aus. Lade Freunde ein und habt miteinander Spaß. Spiele mit deinen Kindern und lerne sie und dich wieder neu kennen. Erfahre die berührenden Momente der Zweisamkeit und übe dich im Verzeihen, wenn es einmal nicht harmonisch hergeht. Gehe immer im Guten auseinander, du weißt nicht, was der nächste Tag bringt.

Wenn sich dein Gedankenkarussell ständig dreht, lenke dich ab. Lerne etwas interessantes Neues. Konzentriere dich auf die positiven Aspekte deines Lebens. Spiele Musik, die dir gefällt. Singe mit, dass hebt deine Stimmungslage an und deine Gedanken werden dadurch unterbrochen oder sogar gestoppt. Zähle von hundert rückwärts. Suche Hilfe, wenn es nötig ist. Lese gute Bücher, die dir weiterhelfen könnten. In jedem steht zumindest eine wertvolle Sache, die du umsetzen kannst. Male Bilder über das, was dich im Inneren beschäftigt, auf ein Papier. Drücke deine Stimmung mit den Farben aus. Du brauchst kein Künstler zu sein, um dies zu schaffen.

Verändere Gewohnheiten. Gehe zu Fuß, wenn es deine Zeit und die Strecke erlaubt, anstatt mit dem Auto zu fahren. Stelle dein Frühstück mit neuen Zutaten zusammen. Reise an einen Ort, den du noch nicht kennst. Er muss ja nicht weit von deinem Wohnort entfernt sein, falls du nicht über viel Geld verfügst. Suche dir einen ungewohnten, neuen Radiosender. Grüße Menschen, die dir nicht bekannt sind, dein Leben aber kreuzen. Probiere neue Gewürze. Bedecke deinen Körper mit ungewohnten Farben. Wage eine neue Frisur. Dies und vieles andere lässt dich aus der eingefahrenen Alltagsmisere aussteigen.

Schicke dein Handy und/oder deinen Computer für ein paar Stunden oder Tage in die Pause. Du wirst feststellen, dass du nichts versäumst, aber viel Ruhe gewinnst. Ein Abstand von deinen ständigen, elektronischen Begleitern tut auch deinem Körper gut. Längst ist erwiesen und bekannt, dass diese Strahlungsfelder nicht förderlich für deine Gesundheit und dein seelisches Wohlbefinden sind. Kotrolliere nicht ständig, ob Nachrichten für dich angekommen sind. Lege dein Augenmerk auf zwischenmenschliche Begegnungen. Die Persönlichkeit kann nur über alle Sinne wahrgenommen werden.

Sei dankbar, für alles was du besitzt. Im Alltag rückt dies alles in den Hintergrund, nur die Angst etwas davon zu verlieren, erinnert dich daran. Schreibe dir jeden Tag auf kleine Zettelchen drei Dinge auf, für die du heute dankbar bist. Sammle dieses zusammengerollte Papier in einem großen leeren Glas mit Deckel oder einer schönen Schachtel. Ist sie voll, kannst du täglich davon eines ziehen und dich wieder erinnern und daran erfreuen. Belohne dich selbst, indem du eigene Leistungen hervorhebst. Der verbuchte Erfolg gibt dir mehr Selbstvertrauen für deine nächsten Aktivitäten. Richte den Fokus auf den bereits bestehenden Besitz.

Höre wieder mehr auf dein Bauchgefühl. Deine Intuition hat dich noch nie im Stich gelassen, was man von dem Verstand nicht immer behaupten kann. Sprich aus, was dich glücklich macht und auch jenes, das du nicht mehr in deinem Leben haben möchtest. Nur durch das Hören dieser Worte wir sich dein Unterbewusstsein orientieren und alles in Gang setzen, um es zu vermehren oder wegzulassen. Nur wenn dein Verstand, dein Herz und deine Intuition zusammenarbeiten, kommst du vorwärts in deinem Bestreben. Verbinde die drei und deine Energie bewegt sich im Gleichklang der Seele.

Entspanne dich jeden Tag für ein paar Minuten. Der Alltagsstress, der Beruf der dich fordert und die Familie, die immer etwas braucht, zehren an deinem Energievorrat. Phasen des Besinnens oder des einfachen Nichtstuns, laden deine Batterien wieder auf. Kleine Ruhezeiten lassen dich danach wieder tatkräftig zupacken. Organisiere was im Vorfeld möglich ist, bleib jedoch spontan, wenn es die Situation erfordert. So ersparst du dir viel Kopfzerbrechen über Möglichkeiten, die nie das Licht der Welt erblickten.

Atme mehrmals täglich tief in deinen Bauch hinein. Nur wer richtig atmet, versorgt Gehirn und Organe mit dem lebensnotwendigen Sauerstoff. Es stellt sich auch ein befreiendes Gefühl ein, wenn du dies vor einem geöffneten Fenster, oder noch besser in der freien Natur machst. Beachte auch, genausolang auszuatmen, wie du die Luft in deinen Körper lässt. Zähle anfangs beim Einatmen 1-2-3-4-5 und beim Ausatmen 1-2-3-4-5 mit. Mache zwischen Ein- und Ausatmen kurze Pausen, indem du die Luft anhältst. Mit der Zeit brauchst du diese Unterstützung des Zählens nicht mehr.

Lobe dich selbst täglich mehrmals, wenn dir etwas besonders gut gelungen ist, du vielleicht auch Neues ausprobiert hast. Es genügen kleine Erfolgserlebnisse, um glücklich sein möglich zu machen. Meistens fällt es Menschen in deiner Umgebung nicht auf, oder sie finden keine Zeit für eine anerkennende Geste. Dein Unterbewusstsein hört aber dein eigenes Lob und erfreut sich daran, genauso wie dein Verstand und dein Herz. Es tut einfach gut und motiviert wieder neu. Alles geht leichter von der Hand mit einem beschwingten Lächeln auf den Lippen.

Vergleiche dich nicht mit anderen Menschen. Jeder von uns hat sein eigenes Schicksal, das nicht immer im vollen Ausmaß sichtbar ist. Sein eigenes Talent, sein spezielles Aussehen und die dazugehörigen Möglichkeiten. Möchtest du wie andere sein, entsteht in dir Neid und Missgunst. Dies zieht dich dann auf eine niedere Schwingung. Außerdem haben wir Menschen die Angewohnheit, nur nach scheinbar besseren, reicheren, gesünderen oder bekannteren Personen nach oben hin zu vergleichen. Oft trügt aber der Schein der Wirklichkeit und dies bedeutet, dass du nicht die Realität siehst. Anerkenne, was du jetzt bist. Diese Tatsache garantiert dir deinen persönlichen Erfolg.

Diese und noch andere Möglichkeiten bringen dich in den Raum der zugelassenen Veränderung, der dein Leben bereichert. Gehe Schritt für Schritt vor, jede kleine positive Veränderung und Integration ist der Wegbereiter zum Endziel.

Zu guter Letzt segne ich dich und deinen Weg. Möge dieser Segen in dir und deinen zwischenmenschlichen Beziehungen, sowie deinem Lebensumfeld sich festigen und erstrahlen.

Ich wünsche dir den bestmöglichen Erfolg und gutes Gelingen auf all deinen Seelenwegen.

Rosemarie

(mit den sieben Sternschreibern)

Über die Autorin

Die Autorin lebt mit ihrer Familie im Herzen des schönen Oberösterreichs. Seit ca. 20 Jahren bietet sie dort in einer eigenen Praxis verschiedene Formen von Energieheilkunst, unter anderem Reiki und Besprechen, an.

Seit ihrer Kindheit interessiert sie sich für Religion und Natur. Doch erst nach Heilung von schweren Erkrankungen, gab es eine Wende in ihrer beruflichen Laufbahn.

Seitdem ist das alte Wissen von Energie und deren Auswirkungen zu einer Lebensphilosophie geworden, die sie nun gerne auch mit Interessierten und Hilfesuchenden teilt. Wenn du Lust hast, darfst du ihr gerne deine Erfolgsgeschichte kundtun. Du findest sie auf Facebook unter „Eira - Reiki - Rosemarie Sichmann" oder am Ende des Buches durch ihre Homepage. Über eine Rezension würde sie sich sehr freuen. Diese wird auch von anderen Lesern zur Orientierung geschätzt und verhilft zu spirituellem Wachstum, was wiederum allen zu Gute kommt.

Die Internetseite der Autorin ist: www.eira.at

Die Alten und Neuen Heilgebete

Band 1: Der Körper und sein Umfeld

Mit diesen kraftvollen Gebeten gewinnst du einen Einblick in die wunderbare Welt der Energieheilung. Kleine und große Nöte des Alltags können auf diesem Wege der Heilung zugeführt werden.

Lass dich auf deiner persönlichen Entwicklungsreise von den Erfahrungen der Autorin inspirieren und mit Tipps und Weisheiten unterstützen. Egal ob es sich dabei um Krankheit, Geld oder Liebeskummer handelt.

Sprich die Worte der Heilgebete und du wirst die Magie, die sich in Ihnen verbirgt, an dir und deinen Mitmenschen wahrnehmen.

Doch nicht nur am Menschen, sondern auch bei unseren treuen Weggefährten – den Tieren – darf diese Art der Heilung angewandt werden.

Worte verwandeln sich in Energie...

Die Alten und Neuen Heilgebete

Band 2: Psyche und Spiritualität

Wirksame Worte des Gebetes unterstützen deine Seelenreise, begleiten dich durch die Höhen und Tiefen deiner Inkarnation. Auch für schwierige Phasen in deinem Leben, wenn Körper und Psyche nicht mehr im Einklang sind, helfen Gebete, um die Gesundheit und Harmonie wiederherzustellen. Es ist egal ob es sich dabei um Depressionen, Suchterkrankungen, Ängste, Besetzungen, Blockaden, Verhaltensmuster, Zellreinigung, Träume, Rückholung von Seelenanteilen, Aura oder Chakren handelt. Auch die Einnahme von Bachblüten und Schüssler Salzen werden durch diese Gebete unterstützt.

Mit der Sprache der Gebete klinkst du dich in eine Energieebene ein, die besonders jetzt in dieser Zeit der Schwingungsanhebung von der geistigen Welt liebevoll unterstützt und geheilt wird. Übernimm die Selbstverantwortung für dein Leben und erfahre berührende Heilung von Körper, Geist und Seele.

Worte verwandeln sich in Energie...

Die Alten und Neuen Heilgebete
Band 3: Kinder und ihre Seelenbegleiter

Berührende Heilgebete für die Probleme, die sich im Familienleben ereignen, unterstützen den Heilungsweg von Eltern und Kind.

Gebete über Themen wie Schwangerschaft und Geburt, Kinderkrankheiten, Pubertätsprobleme, Mobbing, Essstörungen, Scheidung, Integration, sowie weitere über Sternenkinder, Abgängigkeit, Trennung, Unfalltod und Abtreibung und viele mehr werden von der Autorin an dich weitergegeben.

Schwinge dich durch das Sprechen der Gebete in die richtige Heilungsfrequenz ein und erfahre dadurch die Wunder des Lebens.

Werde dir wieder bewusst, dass die geistige Welt dich und deine Lieben immer auf eurem gemeinsamen Weg unterstützen wird.

Worte verwandeln sich in Energie…

Das Heile Welt Buch

Wie das Lächeln zum Berg kam

GIB ACHT LIEBE SEELE!

Dieses Buch wird dein Leben verändern!

Alles, was du in deinem Leben bis zum heutigen Tag verinnerlicht hast, wird sich ab jetzt in einer neuen Sichtweise manifestieren.

Die Tage, in denen du dich als Opfer der äußeren Umstände gefühlt hast, neigen sich dem Ende zu. Vieles wirst du nun in Frage stellen und ändern.

Endlich können auch bei DIR Gesundheit, Lebenslust, Harmonie, Erfolg und Reichtum in deinem Leben Einzug halten.

Bist du schon bereit dazu? Dann beginn zu lesen, damit 64 besondere Tage deine Seele zum Entfalten bringen können! Ab jetzt ist alles in deinem Leben möglich...

Das Haus der Lebenskunst

Eine Führung zu deiner Seele

Kannst du dir vorstellen, dass es machbar ist in Eigentherapie deine Seele zu heilen, deine Gesundheit zu verbessern und neue Sichtweisen zu gewinnen, ohne viel Geld auszugeben?

Ja, mit diesem Buch ist es möglich. Du lernst dich neu kennen. Spielerisch einfach durchschreitest du in Begleitung der Autorin dein Seelenhaus und findest versteckte Schätze, von denen du nicht einmal gewusst hast, dass sie in dir existieren. Ein neues Leben kann nun begonnen werden mit anderen Sichtweisen und mit einer stabileren Gefühlslage in alltäglichen Situationen. So nebenbei stärkst du dein Selbstbewusstsein und gewinnst ein starkes Fundament, welches dich sicher, gesund und erfolgreich durch dein weiteres Leben begleitet.

Entscheide dich jetzt!